Sprache im technischen Zeitalter

Sprache im technischen Zeitalter veröffentlicht literarische Texte, Essays und Untersuchungen zur Sprache und Literatur der Gegenwart.

Heft 225, März 2018

Die Zeitschrift „Sprache im technischen Zeitalter"
erscheint vierteljährlich.

Begründet von: Walter Höllerer
Herausgeber: Thomas Geiger, Norbert Miller, Joachim Sartorius
Redaktion: Thomas Geiger, Thorsten Dönges
Redaktionsanschrift: Literarisches Colloquium Berlin
Am Sandwerder 5, 14109 Berlin
e-Mail: mail@lcb.de
Internet: http://www.lcb.de
Spr.i.t.Z. im Internet: http://www.spritz.de

Für unverlangt eingesandte Manuskripte wird keine
Gewähr übernommen. Nachdruck nur mit Erlaubnis
des Verlags gestattet.

Bezugsbedingungen: Erscheinungsweise: Vierteljährlich
Preise: Abonnement: € 45,– [D] / € 46,30 [A];
Abonnement für Studierende € 32,– [D] / € 32,90 [A];
Einzelheft: € 14,– [D] / € 14,40 [A]
Erhältlich in Ihrer Buchhandlung, unter
vertrieb@boehlau-verlag.com oder r.haeusler@brocom.de
Tel.: +49-(0)7154-132775, Fax: +49-(0)7154-132713

Das Abonnement verlängert sich automatisch um
ein Jahr, wenn die Kündigung nicht bis sechs Wochen
zum Jahresende erfolgt ist.

Verlag: © 2018 by Böhlau Verlag GmbH & Cie,
Köln Weimar Wien
Lindenstraße 14, D-50674 Köln,
www.boehlau-verlag.com

Einbandgestaltung: Guido Klütsch, Köln
Satz: Punkt für Punkt · Mediendesign, Düsseldorf
Fotos in diesem Heft: S. 18: Alexander P. Englert; S. 86: Phillip Kaminiak;
alle anderen: Tobias Bohm.
Druck und Bindung: Strauss, Mörlenbach
Gedruckt auf chlor- und säurefreiem Papier
Printed in the EU

ISBN 978-3-412-51174-6
ISSN 0038-8475

Editorial

Lügenpresse, Fake News, alternative Fakten – Schlagwörter wie diese beschäftigen die Welt zur Zeit mehr als uns allen lieb sein kann. Für das Münchner Literaturfest hat sich Friedrich Christian Delius hingesetzt und einen Vortrag geschrieben, wie es sich denn in der Literatur verhält mit den Tatsachen und dem Ausgedachten. Gleich am Beginn zitiert er Jean Paul: „Leser kann man nicht genug betrügen, ...", und Delius fährt fort: „Mit dem Rekurs auf diesen alten Satz will ich betonen, dass man als literarischer Autor der gegenwärtigen Hysterie um Wahrheit, Lüge, Fakten, Fiktion gelassen entgegenblicken kann. Über Erfindung und Tatsachen und Verlogenheit und Wahrhaftigkeit wird in unserer Zunft seit Jahrhunderten gründlich nachgedacht. Solches Nachdenken über diese Gegensätze, das jetzt aufgeschreckte Leute landauf, landab beschäftigt, ist für jeden, der schreibt, tägliche Übung. Mehr noch: eine Arbeitsvoraussetzung für Autorinnen und Autoren, die Romane, Erzählungen, Stücke, Filme oder Verse schreiben." Vielleicht ist dieser Vortrag als Auftakt dieses Heftes besonders geeignet, weil ein sehr alter Hase des Schreibgewerbes (Jean Paul) und ein alter Hase (Friedrich Christian Delius) all den jungen Schriftstellern, die an der Berliner Autorenwerkstatt Prosa 2017 teilgenommen haben, einige ewige Wahrheiten für alle Schreibenden und Lesenden zusammenfassen. Wie jedes Jahr eröffnet diese Zeitschrift nämlich den Jahrgang mit den Teilnehmern der Autorenwerkstatt Prosa, die seit vielen Jahren im LCB abgehalten wird. In diesem Jahr wurden die zehn Teilnehmerinnen und Teilnehmer von der Schriftstellerin Antje Rávic Strubel, die die kurzen Einleitungen der Teilnehmerbeiträge verfasste, und Thorsten Dönges vom LCB betreut. Wir drücken den Autorinnen und Autoren die Daumen, auf dass sie bald alle einen Verlag finden mögen. In unserer Abteilung „Auf Tritt Die Poesie" stellt Michael Braun den in Rumänien geborenen und in Frankfurt am Main lebenden Lyriker Alexandru Bulucz vor. Danach erinnert Ute Nyssen an den am 1. März 2017 plötzlich aus dem Leben gerissenen Literaturkritiker der *Süddeutschen Zeitung* Christopher Schmidt. Er war langjähriger Juror des von Ute Nyssen gestifteten und jährlich vergebenen Jürgen Bansemer & Ute Nyssen Dramatikerpreis. Ganz am Schluss des Hefts drucken wir seine Laudatio auf den Südafrikaner Mpumelelo Paul Grootboom.

Herausgeber und Redaktion

Friedrich Christian Delius

Die Tücken des autobiographischen Erzählens

1

„Leser kann man nicht genug betrügen", dieser fröhliche Satz von Jean Paul ist mir ungefähr im dritten Semester zugeflogen, bei der Lektüre des Romans *Hesperus*. Obwohl ich damals erst ein paar pointensüchtige Gedichte geschrieben hatte und an Romane oder gar autobiographische Texte noch lange nicht zu denken war, kam mir der Satz wie ein Motto vor, ein Arbeitsmotto für mutige formbewusste und selbstbewusste Schriftsteller. So hat er sich im Gedächtnis gehalten, ich habe ihn hin und wieder zitiert und kommentiert. Und als ich die Einladung erhielt, hier unter dem Oberthema „Lüge und Fiktion" etwas zum autobiographischen Schreiben zu sagen, fiel mir zuerst dieser Satz des leider ziemlich ungelesenen deutschen Klassikers aus Bayreuth ein, den ich heute in ein Münchner Mikrofon spreche: „Leser kann man nicht genug betrügen."

Jean Paul sagt aus gutem Grund nicht: belügen, sondern mit Augenzwinkern: betrügen. Und natürlich rechnet er mit Leserinnen und Lesern, die wissen, dass sie „betrogen" werden, ja betrogen werden wollen, wenn sie einen Roman lesen, wenn sie sich auf Fiktion einlassen, wenn sie in das Reich der Phantasie einsteigen, wenn sie sich in Neuland wagen. Es ist ein selbstbewusster Appell, die Fiktion hochzuhalten und die Leser in das Reich der Erfindungen zu locken und dort mit Spannung gefangen zu halten. Vollständig lautet der Satz: „Leser kann man nicht genug betrügen, und ein gescheuter Autor wird sie gern an seinem Arm in Mardereisen, Wolfsgruben und Prellgarne geleiten." Das Wort Prellgarn, ich habe das auch nicht gewusst, kommt aus der Jägersprache und meint eine spezielle Falle für Füchse. Beachten Sie, meine Damen und Herren, trotz der harten Realität der Jägerwelt und des kunstvollen Fallenstellens bitte die Höflichkeit der Formulierungen: „ein gescheuter Autor wird sie", die Leserinnen und Leser, „gern an seinem Arm geleiten". Eine charmantere Einladung, sich auf Fiktion einzulassen, ist mir in einem guten halben Jahrhundert literarischen Lebens nicht begegnet, jedenfalls nicht im Gedächtnis haften geblieben.

2

Mit dem Rekurs auf diesen alten Satz will ich betonen, dass man als literarischer Autor der gegenwärtigen Hysterie um Wahrheit, Lüge, Fakten, Fiktion gelassen entgegenblicken kann. Über Erfindung und Tatsachen und Verlogenheit und Wahrhaftigkeit wird in unserer Zunft seit Jahrhunderten gründlich nachgedacht. Solches Nachdenken über diese Gegensätze, das jetzt aufgeschreckte Leute landauf, landab beschäftigt, ist für jeden, der schreibt, tägliche Übung. Mehr noch: eine Arbeitsvoraussetzung für Autorinnen und Autoren, die Romane, Erzählungen, Stücke, Filme oder Verse schreiben.

3

Als Staatsbürger verstehe ich natürlich die Panik, die heutzutage der Vorwurf der Lüge oder oft nur das Wort Lüge auslöst. Ich weiß sehr wohl, dass wir es nicht mehr mit Lügenbaronen wie Münchhausen, sondern mit Lügen-Oligarchen und Lügen-Industrien zu tun haben. Seit ein amerikanischer Präsident einen großen Teil seiner Energie darauf richtet, Lügen als Wahrheiten, Erfindungen als Fakten auszugeben und umgekehrt Fakten für Lügen zu erklären, seit mehr und mehr Regierungen und Politiker ein Interesse daran haben, ihr Handeln nicht mehr an Fakten und Tatsachen messen zu lassen und diese nach Kräften wegzuleugnen, herrscht bei den Minderheiten, deren Geschäft die Suche nach Wahrheit ist, Alarmzustand. In viel zu vielen Ländern sind die Minderheiten der Richter, der Wissenschaftler, der Wortmacher, Kulturproduzenten von diesen verwirrenden Umwertungen betroffen, am meisten jedoch die Journalisten. Je gründlicher recherchierend und konkreter sie schreiben, desto mehr werden sie von ausgewiesenen Lügnern der Lüge bezichtigt. Desto gefährlicher leben sie, werden beschimpft, verfolgt, totgeschwiegen, eingesperrt oder ermordet.

Wir alle haben in jüngster Zeit beobachten können, wie Lügenprofis Begriffe wie „fake news" oder „alternative Fakten" erfunden haben und wie die wirkten. Anfangs stutzte die schreibende, reflektierende und schwatzende Zunft der ganzen Welt, wendete sie hin und her und verwarf sie. Trotzdem tauchten sie immer öfter auf, in den Meinungsverbreitungsmaschinen von Facebook bis Fernsehen wurden sie, teils distanzierend, gierig aufgenommen, die Begriffe machten und machen ihre Runde in den Talkshows und im Smalltalk, im Netz, die Online-Leute sind immer gierig auf solche neuen, flotten Wörter – und schon sind sie überall, heute sogar im Münchner Literaturhaus. Gegen die Spielfreude mit solchem Glitzerkram scheint kein Kraut gewachsen, und mehr und mehr scheinen die Leute zu vergessen: Über Fakten kann man streiten, aber nicht über die Existenz von Fakten.

Dabei ist doch alles ganz einfach: Zu Fakten gibt es keine Alternative, Fakten sind Fakten (auch wenn es mehr Fakten gibt, als wir verdauen können) – und als Gegenteil gibt es im Alltag die Lüge und in der Kunst die Fiktion.

4

Was versteht man nun unter der literarischen Fiktion?

Ich halte mich bei der Definition an Elisabeth Plessen (*Fakten und Erfindungen*, 1971):

„Fiktion' leitet sich von lat. ‚fictio' her und meint das Erzeugnis des ‚fingere' in seinen Bedeutungen als ‚bilden', sich ‚einbilden', ‚formen', ‚gestalten', ‚bearbeiten', ‚darstellen', ‚denken', ‚entwerfen', ‚ersinnen', ‚erfinden', ‚fabulieren' und ‚lügen'. Das Produkt dieser Tätigkeit ist die fingierte Annahme, die Dichtung und der erdichtete Fall." (S. 19)

„Die literarische Fiktion bewegt sich, funktioniert und gilt nur innerhalb des Rahmens, für den sie entworfen ist, und kommt am Ende des Romans, der Erzählung usw. zum Stillstand." (S. 24)

5

All das gilt für das autobiographische Schreiben in gleicher Weise. Allerdings spreche ich lieber präziser vom autobiographischen Erzählen. Begründung: Autobiographische Texte, die mehr oder weniger chronologisch über einen, den eigenen Lebenslauf berichten, gibt es wie Sand am Meer, die meisten ungedruckt. Und jeder dieser Texte, ob er in Schubladen oder Archiven schlummert, hat seine Berechtigung, denn jedes Leben, wenn es nur detailliert und wahrhaftig genug beschrieben wird, ist ein spannendes Leben. Ich spreche aber nicht vom Aufschreiben, sondern von der Literatur. Das autobiographische Erzählen geht ein paar entscheidende Schritte weiter, es setzt nicht allein auf Erinnerung und Dokumente, es operiert mit Phantasie und vor allem mit der Form. Es fügt dem Faktischen also etwas Entscheidendes hinzu, etwas Schwieriges, schwer zu Benennendes, nämlich das, was Kunst ausmacht. Ich zitiere in solchen Zusammenhängen gern den Satz von Imre Kertész: „Im Roman sind nicht die Tatsachen das Entscheidende, sondern allein das, was man den Tatsachen hinzufügt." Die Betonung liegt auf dem Wort „allein". Und diese Regel gilt für das autobiographische Erzählen genauso wie für den Roman.

6

Ein einfaches Beispiel. Jeder von Ihnen hat wahrscheinlich schon mal eine anekdotische Situation mit einem sogenannten prominenten Menschen erlebt, Philipp Lahm im Flugzeug, Veronika Ferres vorm Spiegel oder Edmund Stoiber in der Sauna. Ich hatte eine solche Begegnung mit Paul McCartney im Regent's Park in London im Mai 1967, McCartney mit einem Hund, ich mit einem Fußball. Den eigentlichen Witz dieser Begegnung verrate ich Ihnen jetzt nicht. Man gibt ja manchmal ein bisschen an mit solchen Anekdoten, hin und wieder hatte ich sie erzählt, bis mich Mitte der neunziger Jahre der Ehrgeiz packte, aus diesen ein, zwei Minuten ein ganzes schmales Buch zu machen. Ich dachte daran, diese minimale, autobiographische, aber ansonsten völlig unerhebliche Geschichte in den verschiedensten literarischen Formen aufzuwerten, also viele Male, fünfzig Mal oder noch öfter zu erzählen, britisch trocken oder mit Pathos, im Passiv, im Konjunktiv, in Superlativen oder in der Verneinung, als Traum,

Bericht und Gedicht, als Rap, Sonett oder Haiku, aus der Perspektive des Hundes, des Balles oder der Augenzeugen, im Verhörton und Märchenton und in Rezensentenarroganz – und so weiter, in 66 Varianten. Es gab ein Vorbild dafür, Raymond Queneaus *Stilübungen Autobus S* aus dem Jahr 1945, das ich fünfzig Jahre später einmal wiederzubeleben und weiterzuentwickeln versuchte. Es ist mein lustigstes Buch geworden – und das am wenigsten rezensierte. Es passte nicht in das Bild, das sich die Kritiker von Delius gemacht hatten. Aber nicht deshalb spreche ich heute davon, sondern weil sich an diesem Beispiel die erste Tücke des autobiographischen Erzählens am deutlichsten zeigen lässt: Ohne den Willen zur Form, ohne ausgeprägtes Formbewusstsein geht gar nichts. Oder anders herum: Aus jedem noch so nebensächlichen Erlebnis lässt sich Literatur machen, wenn man den richtigen Ton, die Sprache, die Form findet. (Lyriker wissen das, aber Autobiographen nur selten.)

7

Erlauben Sie mir bitte, in diesem Vortrag bei meinen eigenen Büchern zu bleiben. Ich weiß, es ist immer etwas peinlich, sich selbst zu kommentieren, weil man heute, schlauer oder scheinbar schlauer, über das einst so Schwierige, Unfertige, mühsam Gewachsene in vortragssicherer Eloquenz daherredet, als hätte man es schon immer gewusst. Wahrlich nicht. Aber vielleicht kommen wir auf der subjektiven Schiene den Tücken doch etwas näher, als wenn ich jetzt über andere Autoren sprechen würde.

Ich muss zugeben, lange Zeit war ich der Ansicht, meine Biographie sei viel zu läppisch, zu langweilig, um literarischen Stoff herzugeben. Das änderte sich erst Ende der achtziger Jahre, nach vier Gedichtbänden und vier Romanen, darunter den drei Brocken über den „Deutschen Herbst" von 1977 und der langen Erzählung *Die Birnen von Ribbeck*. Damals, Anfang der neunziger Jahre begann ich mich immer öfter zu fragen, wie aus einem stotternden, schweigenden Jungen und Nichtskönner ein Mann geworden ist, der es zumindest im Schriftlichen zu einer gewissen Sprachfertigkeit und Stilsicherheit gebracht hat. So begann ich mehr und mehr über meine frühe Sprachverweigerung nachzudenken. Das Stottern und Schweigen war vor allem eine Reaktion auf die Sprachmacht meines Vaters und Großvaters, der eine Pfarrer, der andere Laienprediger. Das wollte ich aber genauer herausfinden. Ich gehöre ja nun zu den Autoren, die schreiben, weil sie keine Gewissheiten, sondern Fragen haben, die durch das Schreiben etwas Neues erfahren wollen, auch von sich selber. Also musste ich mich meiner Kindheit stellen, mir selbst – und den Eltern.

Aber es ist nicht leicht, die Kindheit in Literatur zu verwandeln. Das setzt nicht nur psychologische und analytische Anstrengungen voraus, sondern vor allem formale: Aus welcher Perspektive erzähle ich? In welchem Zeitraum bleibe ich? Wie vermeide ich, das heutige Wissen über mich und die Familie dem Kind aufzustülpen? Wie übersetze ich Gefühle, die das Kind hatte, ohne schon Worte für diese Gefühle zu haben, in eine empathische Sprache und wahre zugleich Distanz? Und das sind nur die allgemeineren Schwierigkeiten.

Die größte Tücke lag aber woanders: Ich wollte es mir nicht in der damals, in den achtziger Jahren modischen Anklagehaltung gegen die Eltern bequem machen: da die bösen Eltern – hier ich armes Kind. Ich war inzwischen selber Vater, ich verstand nun auch vieles von meinen Eltern besser. Das Leid, das ich ohne Zweifel empfunden habe, sollte kontrastiert werden mit starken kindlichen Freuden, die es ja auch gegeben hat.

Erst die Erinnerung an einen kurzen, aber sehr intensiven Glücksmoment am Tag des Fußballweltmeisterschaftendspiels von 1954, als ich mich als Elfjähriger mit berauschten Sinnen als Weltmeister fühlte, allein unter den Linden in der Dorfmitte stehend und das Dorf schweigen und atmen hörend, bis menschlicher Jubel aus verschiedenen Ecken näher kam. Erst die Erinnerung an diese drei, vier Minuten brachte die formale Lösung für die literarische Balance des Buches.

Das Glück während und nach der Übertragung des WM-Endspiels von 1954 wurde zum Fixpunkt. Die Empfindung einer Befreiung, die dann auf den letzten Seiten des Buches beschrieben ist, hatte sich über all die Jahrzehnte so erstaunlich klar erhalten, dass sie das autobiographische Erzählen überhaupt erst möglich machte. Natürlich hatte ich, wie immer, Bedenken. Es kam mir ziemlich kühn vor, meine ganz intime Kindheitsgeschichte zu verbinden mit dem großen nationalen Erweckungserlebnis des Fußballsieges über die Ungarn, aber es gab keine andere Möglichkeit. Kunst muss schließlich kühn sein, sonst soll man's lieber gleich lassen. (Außerdem gab es, als ich mein Buch plante, 1991/92, den ganzen „Wunder von Bern"-Hype noch gar nicht, den hab ich ja ein bisschen mit angestiftet, die Filmer haben sich nicht schlecht bedient aus meiner Erzählung.)

Erst nach diesem Durchbruch der Erinnerung war klar: die Erzählung sollte an einem Tag spielen, die Kindheit auf einen Sonntag verdichtet werden. Dann musste recherchiert werden, das Dorfleben in den fünfziger Jahren, bis hin zur Frage: Welche Lieder sang der Männergesangverein, musste die Radioreportage besorgt werden, die Familienerinnerungen aktiviert und vor allem die eigenen Erinnerungen und Empfindungen bis hin zu den Gerüchen und den Kindergedanken vor einem Adenauerplakat wachgerufen werden. Natürlich gehört auch gründliche Recherche zum autobiographischen Erzählen. Je mehr Details, desto besser.

So habe ich versucht, möglichst viele Seiten dieses Ichs zu erfassen, das ich mit elf Jahren war. Die meistens vagen Empfindungen des Elfjährigen in die präzisen Worte eines Erwachsenen zu übersetzen und damit überhaupt erst darstellbar zu machen. Erst diese Distanz und die empathische Distanz zu den Eltern ermöglichte den leisen Humor, der in dem Buch steckt.

Ohne schonungslose Erinnerung geht nichts. Aber man muss auch wissen, dass jede noch so redliche Erinnerung schummeln kann, ohne dass wir das von ihr fordern. Das Erlebte wird nicht nur verschönert, vergrößert, idealisiert. Unser Gehirn hat auch die wunderbare und gefährliche Eigenschaft, gelesene oder in Filmen gesehene Szenen, Träume und Phantasien nahtlos mit dem wirklich Erlebten zu verbinden und uns ungewollt zu Schwindlern zu machen. Hier braucht es Instinkt.

So ist *Der Sonntag, an dem ich Weltmeister wurde* mein erster autobiographischer Text geworden. Aber eben nicht nur ein Buch über kindliche Nöte, sondern darüber hinaus über die Macht von Sprache, Religion, Radiohören und die Fußballweltmeisterschaft 1954. Die Tücke war hier, nicht in eine Anklageschrift abzuleiten, also den Kafka zu kopieren, sondern eine neue, eigene Balance zu finden.

8

Die Kunst des autobiographischen Erzählens hängt also auch von der Kunst oder vom Zufall des richtigen Zeitpunkts ab. Ob man mit Anfang zwanzig oder mit vierzig oder mit siebzig ein solches Sujet angeht, macht einen großen Unterschied. Und damit meine ich nicht nur, dass man milder, vielleicht sogar altersmilder wird. Das hat auch formale Folgen.

Wir sind in puncto Familie und Herkunft ja alle Spätzünder. Nicht nur Schriftsteller, jedefrau und jedermann begreifen ja meistens erst in der zweiten Lebenshälfte, wie wichtig die Prägungen von Familie und Herkunft sind, auch und gerade, wenn man sich heftig dagegen gewehrt hat. Ich weiß mittlerweile, dass ich dem Vater, der mich mit seiner von der ganzen Christentradition gefütterten Sprachmacht so eingeschüchtert und stumm gemacht hat, etwas Entscheidendes verdanke: eine starke Sensibilität zu haben für Sprache. Was ich aufgefangen und gelernt habe von der sakralen Sprache, saftigem Lutherdeutsch, starken Sätzen, kluger Metaphorik, poetischen Psalmen usw., hat mir gewiss die Schritte erleichtert zum Wohlgefallen an ordentlich gebauter oder genialisch wilder Literatur. Noch wichtiger aber war: bereits in der Jugend ein Gehör für Phrasen, Hohlheit, Euphemismen, Vertuschungen von Interessen entwickelt zu haben, kurz, für falsche, schlechte, verlogene Sprache, hinter der meistens auch üble Absichten oder Hohlköpfe stehen.

Es ist mir erst spät aufgefallen, warum ich mich als sehr junger Autor so heftig auf die Sprachen der Macht gestürzt habe. Da ich mit 23 und 29 noch nicht gegen die Eltern- und Kirchensprache rebellieren konnte, habe ich mit den Satiren *Wir Unternehmer* und *Unsere Siemens-Welt* die verlogene Sprache der Macht und der Wirtschaft aufgespießt und später die Sprachen der Politik. Ich brauchte erst die Reibungen am Dokumentarischen, bevor ich noch einmal zehn Jahre später zur Freiheit der Fiktion beim Romanschreiben fand, zur Entwicklung meiner eigenen Sprache. Erst mit der eigenen Sprache konnte ich meinem Vater, meinen Eltern, meinem Großvater mit Hilfe der autobiographischen Erzählungen Paroli bieten. Schon witzig, wie sich Kreise schließen, oder sagen wir: die Ellipsen.

9

Keine Sorge, ich werde heute nicht alle meine autobiographisch gefärbten Bücher durchgehen und kommentieren. Aber nebenbei wenigstens hinweisen auf die Erzählung *Bildnis der Mutter als junge Frau*. Hier war das Risiko vielleicht am größten: sich hineinzuversetzen in eine einundzwanzigjährige hochschwangere deutsche Frau, wenig gebildet und tief protestantisch, die durch Rom läuft schauend und reflektierend und doch wenig verstehend, sich nach dem fernen Mann und Soldaten sehnend. Die Geschichte meiner Eltern. Die erste Tücke war hier: der Erzähler war als Embryo dabei, durfte das aber nicht ausspielen. Die zweite Tücke war: all das Wissen, das wir heute über die Nazizeit und den italienischen Faschismus haben, und das ich heute über Rom habe, wegzulassen und strengstens bei dem Wissensstand einer naiven, von den Nazis erzogenen und von der evangelischen Kirche und frommen Eltern geprägten jungen Frau im Januar 1943 zu bleiben.

10

Eine andere große Tücke beim autobiographischen Erzählen liegt darin, es sich zu einfach zu machen. Ich will das am jüngsten Roman *Die Liebesgeschichtenerzählerin* und der Figur meines Großvaters erklären. Eine sehr komplexe Gestalt, ein protestantischer Untertan. Dieser Großvater hat meine Kindheit stark geprägt, weil er, bis ich 14 war, mit in unserm Haus in einem hessischen Dorf wohnte, und auch die Jugendzeit, weil mein Vater früh starb. Meine ersten Texte hat er nicht nur nicht verstanden, sondern auch heftigst kritisiert und mich dafür schon am Abgrund zur Hölle gesehen. In hohem Alter hat er seine Erinnerungen geschrieben, nicht so schmissig wie Martin Niemöller *Vom U-Boot zur Kanzel*, aber ebenfalls einen Weg vom U-Boot zur Kanzel. Den Weg vom absolut verarmten adligen Dorfjungen über den kaiserlichen Kadetten zum Familien-Patriarchen, von der Seeoffizier-Uniform zur protestantischen Uniform, vom U-Boot-Kapitän zum volksmissionarischen Prediger, vom deutschnationalen Anti-Nazi, der bei der Bekennenden Kirche war, zum frommen FAZ-Leser in den fünfziger und sechziger Jahren.

Das schien mir schon lange ein literaturwürdiges Projekt, nicht weil er mein Großvater war, sondern weil sich in ihm die schlimmsten deutschen Defekte und die besseren deutschen Tugenden mischten. Aber ich wollte nie aus der mehr oder weniger besserwisserischen Enkel-Perspektive über ihn schreiben, bei der man entweder ins Verurteilen oder ins Heroisieren gerät. Mein Verleger und Freunde wie Péter Nádas bedrängten mich oft, diesen Mann endlich als Hauptfigur in einen Roman zu befördern, Nádas gab ich sogar diese Lebenserinnerungen zu lesen, und er insistierte wirklich. Aber ich weigerte mich an die zwanzig Jahre lang, ich wollte die simple Konfrontation Großvater-Enkel nicht, bei der ich als Autor notwendig das letzte Wort gehabt hätte. In unbewussten oder halbbewussten oder halbreflektierenden Abwägungsphasen suchte ich nach einer passenden Form.

Bis mir eines Tages einfiel, den indirekten Weg zu gehen und aus der Perspektive einer seiner Töchter zu erzählen, also gewissermaßen über die Bande zu spielen, und ihn nicht mit mir, sondern mit einer starken Frau zu konfrontieren, die sich über das Schreiben zu emanzipieren versucht. Auch sie ist keine Nacherzählerin, sondern sie ringt mit der Frage, welche ihrer Vorfahren sie, als sie endlich einmal die Freiheit des Schreibens hat, ins Zentrum stellt und wie sie den Figuren des entstehenden Romans nahekommt. Welche von den unendlich vielen Geschichten sollten zuerst erzählt werden, die spannende Story einer unehelichen Königstochter aus dem frühen 19. Jahrhundert, die zur Urgroßmutter der Familie wird, oder die eigene, vom Zweiten Weltkrieg geprägte Geschichte dieser Tochter oder doch die ihres Vaters, des strengen Nachfahren der königlichen Liaison? Je mehr sie darüber nachdenkt, desto mehr entscheidet sie sich für die Geschichte ihres Vaters und ihrer Mutter.

Die Erzählerin Marie von Schabow ist also zugleich eine Romanfigur. Das schien mir die beste Methode, eine Familiengeschichte in all ihrer Komplexität darzustellen. Sie ist keine Abbildung einer bestimmten Person, der ich nun gerecht werden müsste wie ein Biograph. Aber das Material für diese Figur stammt aus der Familie, mütterlicherseits eine schreibfleißige Familie, was natürlich ein Glück für einen Schriftsteller ist, da gibt es Briefe, Tagebücher, Erinnerungen. Wie weit Marie nun einer Tante von mir ähnlich sieht, ist für mich erst mal völlig unwichtig. Sie muss als Romanfigur funktionieren und all die vielen Geschichten, Tragödien und Freuden auf möglichst unschwere Weise tragen. Und als Romanfigur ist sie beteiligt an der Deutung der Welt, um es mal pathetisch zu sagen.

Erst diese Konstellation ließ vielschichtiges Differenzieren beim Blick auf den Großvater zu: ich konnte ihn sehen als Erziehungsopfer der Kaiserzeit, als Täter im Krieg, als Verdränger und militanten Nicht-Denker, aber auch als mutigen Mann gegen die Nazis. Durch das Schreiben mit diesem doppelten Blick oder eigentlich dreifachen Blick als Tochter, als Enkel, als Autor hab ich ihn noch besser verstanden – und mich gleichzeitig noch schärfer von ihm abgrenzen können. Die weibliche, die unsentimentale Perspektive hat es mir zum Beispiel erleichtert, seine Bekanntschaft mit Karl Dönitz, der 1945 Hitlers Nachfolger wurde, und mit Martin Niemöller, dem großen Hitler-Gegner, die beide mit ihm fast gleichzeitig auf einem U-Boot waren, nicht groß auszuschlachten, sondern in zwei Zeilen abzuhandeln. (Was hätte ein männlicher, noch dazu „politischer" Erzähler für eine angeberische Szene daraus gemacht: zwei später berühmte Gestalten des 20. Jahrhunderts zusammen mit jenem

Großvater, drei kaisertreue Offiziere 1916 auf einem Boot!) Also, nur dank des langen Zögerns ist dieser Roman viel mehr geworden als ein durchschnittliches Enkel-erzählt-vom-ach-so-spannenden-Opa-Buch, sondern es ist eines über die Emanzipationsansätze einer konservativen Frau und, wie eine Psychoanalytikerin gesagt hat, „ein sehr trauriges Buch über Männer, wie sie der Geschichte ausgesetzt sind, verloren, gequält und oftmals sprachlos".

11

Und erst, wenn die Perspektive stimmt, kann ich die richtige Sprache, den Stil eines Buches entwickeln. Auch hier hab ich wieder gemerkt: da passt das assoziative Erzählen, ähnlich wie in *Bildnis der Mutter als junge Frau*. Also schreiben, ein bisschen so, wie unsere Gehirne arbeiten, die ja nicht im Subjekt-Prädikat-Objekt-Schema und nach Duden-Grammatik getaktet sind. Nicht linear, sondern fraktal, im Rhythmus des Sehens, Denkens, Laufens, Atmens, Assoziierens, Phantasierens. Mir kommt solch ein Prosa-Rhythmus sehr natürlich vor: ständig einen neuen Punkt, ein Detail ansteuernd und anderswo weitermachend und vieles erst einmal offen lassend. Für mich gilt immer noch der Satz: Kunst heißt weglassen, bloß nicht die Leute mit zu viel Material, Wissen, Deutung und Gerede zuschütten, sondern immer Raum zum Selberdenken lassen. Eine „produktive Unschärfe" hat Klaus Modick das genannt. Aus der *Liebesgeschichtenerzählerin* hätte ich leicht einen 700-Seiten-Roman stricken können. Aber mich interessiert nicht der Reichtum des Materials, sondern der Reichtum der Sprache. Entscheidend sind die Dichte, die Neuheit der Sätze, die sprachliche Spannung zwischen zwei Punkten – oder Gedankenstrichen.

12

Andere Tücken fangen dann an, wenn man nahestehende, mit einem selbst lebende oder gelebt habende Menschen in Romane oder Erzählungen befördert. Ich habe das nie versucht, solange sie am Leben waren oder sind. Über meine Kinder, Frauen, Freunde, Geschwister etwas zu veröffentlichen, hätte ich immer als Verrat empfunden. Gut, die uralten Freunde und Fußballkumpels finden sich in kurzen Szenen im *Amerikahaus* oder *Mein Jahr als Mörder* wieder – freundlich distanziert, aber mehr nicht. Als mein Altersgenosse Peter Handke mal ein Buch über sein Leben mit seiner Tochter herausbrachte, fand ich das, etwa zur gleichen Zeit Vater, ausbeuterisch, ein Missbrauch des Kindes durch die Deutungskraft des durchaus liebevollen Vaters. Noch geschmackloser finde ich das literarische Nachtreten unter ehemaligen Liebespartnern. Mit den Toten ist das anders. Die Gestorbenen sind gewissermaßen historisch geworden, sie geistern durch unsere Erinnerungen und verlangen geradezu, genauer betrachtet und beschrieben zu werden. Die Lebenden sehen sich nicht gern in einem Buch porträtiert, weil immer Entscheidendes fehlt. Aber die Toten betteln förmlich darum, wenigstens ein bisschen verstanden und gewürdigt zu werden.

13

Manchmal werde ich gefragt, ob autobiographisches Schreiben schwieriger sei als anderes fiktionales Schreiben, weil hier oder da mehr Phantasieaufwand betrieben werden müsse.

Die Frage stellt sich für mich nicht, weil Schreiben, das auf Erkenntnisgewinn aus ist, immer harte Arbeit ist. Vor allem aber, weil ich bei jedem Projekt auch Teil meiner Figuren bin. Der Flaubert-Satz „Madame Bovary, das bin ich" mag für Leser aufregend oder frivol klingen, für Autoren ist er eine Banalität. Mein Ich steckt im U-Boot-Kapitän ähnlich wie im Ribbecker Bauern, in der schwangeren Frau in Rom ebenso wie im Computer-Erfinder Zuse, in einem Arzt, der Rudolf Heß kuriert und gleichzeitig eine Widerstandsgruppe namens „Europäische Union" aufbaut, in einer jungen Biologin, die in der entführten „Landshut"-Maschine sitzt, in einem Kellner, der aus der DDR nach Syrakus entkommt, in einem Posaunisten, der in Israel eine Barrechnung mit „Adolf Hitler" unterschreibt, in einen Terroristen, der seine eigene Beerdigung und Himmelfahrt phantasiert, ebenso wie bei der *Liebesgeschichtenerzählerin* in einer konservativen Frau, die sich im reifen Alter endlich emanzipieren möchte. Da kann das Faktenmaterial noch so reich oder dünn sein, für jedes erweiterte Ich, für all das, was man den Tatsachen hinzuzufügen hat, braucht man reichlich Phantasie und Einbildungskraft.

14

Sie sehen, meine Damen und Herren, Mit Lügen hat das alles nichts zu tun. Ich gehe sogar so weit zu sagen: in der Literatur, wie ich sie verstehe, gibt es keine Lügen. Es ist eine Banalität, aber in diesem Zusammenhang vielleicht noch einmal zu wiederholen: Lüge beginnt mit Vereinfachung und Eindeutigkeit, mit dem Verleugnen der Widersprüche. Lüge fängt da an, wo wir alles auf 0 oder 1, auf Ja oder Nein, auf Gut oder Böse herunterbrechen. Dagegen: Mit Sprache, ihrer Mischung aus Genauigkeit, Vieldeutigkeit und Poesie, mit Differenzierungskunst und Empathie lässt sich die Welt viel besser erfassen. Mit Kunst, und da vor allem mit Sprachkunst und Filmkunst, mit Literatur. Wo Märchen, Geschichten, Romane usw. erzählt werden, entsteht Wahrhaftigkeit – ganz unabhängig von Wahrheit oder Wahrheiten und Fakten und Lügen.

15

Eine Lüge wäre es zum Beispiel, wenn ich einen Roman über Angela Merkel schriebe. Wenn ich die Fiktion nur als Vorwand für einen quotensüchtigen Stoff, für das Ausbreiten von ein paar mehr oder weniger kritischen

Fakten über die Kanzlerin missbrauchen würde. Über diese Idee habe ich in letzter Zeit einmal nachgedacht und einen Essay veröffentlicht (*Sinn und Form* 3/2017): „Kann Angela Merkel eine Romanfigur werden?" Die Frage wurde verneint. Gewiss, eine schmissige, marktkonforme Idee, jeder Verleger wäre begeistert, wenn ein sogenannter Chronist der Bundesrepublik, der die Studentenbewegung, den deutschen Herbst, die deutsche Einheit, den deutschen Fußball und die deutsche Familie ausgeleuchtet hat, sich nun an die Kanzlerin heranmacht. Viele literarische Gründe sprechen dagegen, aber entscheidend ist: ich sehe da keine emotionale, subjektive Brücke zur Kanzlerin, die Pfarrerstochter reicht da nicht. Also keine produktive Perspektive, keine Sprache, da stellen sich keine Bilder ein. Im Gegensatz zu den eben genannten Figuren hätte ich da keinen empathischen Draht, deswegen wäre meine Haltung zu ihr verlogen, nur ausbeuterisch.

Erschwerend kommt hinzu: Als ihr Zeitgenosse wäre ich auch ihr Kritiker, da könnte ich ihr nur in zwei Punkten Größe bescheinigen, einmal als sie ihren verkommenen Parteivorsitzenden Kohl angriff und ablöste und als sie im September 2015 angesichts der Flüchtlinge die richtigen Worte fand, auch wenn sie diese Worte mit ein paar konkreten Sätzen hätte ergänzen müssen. Ansonsten hätte ich viel zu viel Kritik anzubringen, vom Irakkrieg, in den sie so gerne mit Bush und der Bundeswehr gezogen wäre, bis zur verkorksten Energiewende, zum Umfallen vor der CSU beim Einwanderungsgesetz 2002 und zum Umlügen der Bankenkrise in eine Eurokrise und dem monatelangen wahltaktischen Nichthandeln gegenüber den Spekulanten, bis sich die Schulden derart vervielfachten, dass die Griechen bis in alle Ewigkeit auf keinen grünen Zweig kommen werden. Eine komplizierte Materie mit vielen Mitschuldigen, ich weiß, aber das wird wohl, mit Verlaub, – ein Verbrechen bleiben. All das dürfte ein Roman nicht weglassen andererseits ist „Kunst nicht dazu da, Menschen zu verurteilen, sondern den Augenblick neu zu erschaffen", wie Imre Kertész sagt. In *Sinn und Form* ist das näher ausgeführt. Und ich erwähne das Beispiel Merkelroman hier nur, weil es auf der Ebene der Literatur zu der schlimmsten Lüge führen würde, die Schriftsteller begehen können, zu einer ästhetischen Lüge.

16

„Leser kann man nicht genug betrügen", dieser ungefähr 222 Jahre alte Satz von Jean Paul ist also ein gutes Antibiotikum gegen die heute herrschenden Lügen. Man kann ihn freilich auch anders übersetzen, etwa wie die schottische Schriftstellerin Ali Smith, deren Zitat ich neulich in der Zeitung fand: „Die Menschen, die literarische Geschichten erfinden, bieten Welten an, die uns die Welt zurückgeben. Sie sensibilisieren uns gegenüber den Machenschaften der Leute, die Dinge über die Welt erfinden und dann behaupten, sie seien wahr. Der Roman lehrt uns, wie man Fiktionen liest, wie man die Struktur von Geschichten erkennt, die wir selbst erzählen oder die uns erzählt werden. Mit anderen Worten: Literatur ist wichtiger denn je, weil sie erfunden wird. Aber ist sie nicht doch auch gelogen? ... Nun, eine Lüge ist nicht wahr und ein Roman weiß auch, dass er nicht wahr ist. Der Unterschied ist, dass bloß die Lüge die Wahrheit untergraben will." (*Süddeutsche Zeitung*, 17.10.17). Gut gesagt, danke, Ali Smith. Danke, Imre Kertész und Jean Paul.

Michael Braun

Alles im Gedicht ist Übergang
Alexandru Bulucz und die Himmelsleitern seiner polylingualen Poesie

Stehen denn die Zeichen in der Poesie auf Wiederverzauberung der Welt? Hier schlägt einer plötzlich das „Stundenholz", ein moderner Nachfahre der Mönchsrepublik auf dem heiligen Berg Athos, der die „Toaca" reaktiviert, das hölzerne Schallbrett, mit dem in den orthodoxen Kirchen zum Gottesdienst gerufen wird. „Die Klänge der toaca", so suggeriert eins der hier vorgestellten Gedichte, „spannten eine Himmelsleiter auf uns zu und über uns hinaus." Und tatsächlich wird hier, in dieser Dichtung des überaus klugen und sprachlich skrupulösen Poeten Alexandru Bulucz, ein ganzes Kraftfeld von mythopoetischen Übergängen aufgespannt: Metamorphosen und Gestaltwandlungen, soweit das Auge reicht. Auf der Himmelsleiter, so berichtete es die biblische Erzählung der Genesis, stiegen die Engel Gottes auf und nieder, sie ermöglichte den Übergang zwischen den so unvereinbar scheinenden Sphären Erde und Himmel. Und diese intensive, fast rauschhafte Übergangserfahrung, diese Auflösung der Grenzen zwischen Profanität und Sakralität, zwischen Gegenwartsempfindung, eindringlicher Erinnerung und poetischer Vision, zwischen vertrauten und fremden Wörtern, wird in jeder Zeile des Gedichts „Stundenholz" vorgeführt. Das lyrische Kollektivsubjekt, das hier zum großen Flug ansetzt zwischen den Heimaten und den Erinnerungen, und hinüber findet zu den „bukowinischen Fragen", evoziert ein poetisches Evangelium. Das Evangelium eines Dichters, zu dessen geistiger Grundausstattung die große Begeisterung für jene polylinguale Gegend am äußersten östlichen Rand des deutschen Sprachraums gehört, jene „Gegend, in der Menschen und Bücher lebten", wie sie Paul Celan, Vorbildfigur und poetisches Referenzsystem von Bulucz, einmal bezeichnet hat. Die Gedichte von Bulucz bewegen sich in den Grenzbereichen dieser Sprachen, oszillieren zwischen dem Deutschen und dem Rumänischen, holen ihren Atem aus der radikalen Sprachbefragung eines Emile Cioran und eines Paul Celan und gewinnen daraus die polyphone Dynamik der Verse.

1987 im rumänischen Alba Julia (dt. Karlsburg) geboren, studierte Bulucz Germanistik und Komparatistik in Frankfurt am Main und arbeitet derzeit an einer Dissertation über das Werk von Wolfgang Hilbig. Seit 2015 verwickelt er zudem große deutsche Intellektuelle wie Dieter Henrich und Hermann Lübbe in aufregende Gespräche über politische und philosophische Zeitfragen wie auch über die letzten Dinge, profunde Gesprächsbücher, die der Dichter in der *Edition Faust* in Frankfurt veröffentlicht hat.

Wer so intensiv hineinhorcht in die Sprachen wie Alexandru Bulucz, der entwickelt auch ein ausgeprägtes Sensorium für „Verwechslungen", für „falsche Freunde" der einzelnen Wörter, für eine „Identität", die sich nicht einstellen will, es sei denn als instabile Instanz. In seinem „Reich aus Zeichen", so urteilte Kristoffer Cornils in seinem Nachwort zu Bulucz' lyrischem Debüt *Aus sein auf uns* (2016), schreibe sich der Autor Bulucz „viel aus Büchern hervor". Das verbindet ihn mit allen substantiellen Autoren, die, wie Joseph Brodsky einmal angemerkt hat, nur aus der lyrischen Bezugnahme, der Anverwandlung und Übermalung alter Traditionen und Topiken ihre eigene Sprache entwickeln. Allein im Gedicht „Stundenholz" sind es gleich mehrere Vorväter- und -Mütter, die anklingen: Gertrude Stein, Franz Kafka, Paul Celan und mehrfach die katholische und orthodoxe Liturgie. Insofern verwundert es nicht, wenn ein Bulucz-Gedicht es als libidinöse Handlung vermerkt, „durch Kontexte, Ösen, Äxte einen Pfeil zu schießen, / schießen können zu müssen wie Odysseus vom Ereignis übers Bild ins Urteil". Die Übergänge von den schweren Traditionszitaten zu Insignien einer schrillen Zeitgenossenschaft sind bei Bulucz schroff: Jesus Christus erscheint da als der „Heroinabhängige am Chemnitzer Hof", die Heilige Crescentia als smartphonesüchtige Unruhegestalt, die in die sozialen Netzwerke abtaucht. Überhaupt ist die religiöse Topik, die in allen vorliegenden Gedichten aufblitzt, ein starkes Fundament dieser Poesie. Es ist eine Dichtung, die sich in sprachlichen Zwischenräumen bewegt, etymologische Spekulationen mobilisiert und sich auch kyptische Assoziationen gestattet: „Moral, / das ist auch im Winter, das Larum nach dem Lirum im Ural, wie / Klima sich über die Crima allmählich zur Lacrima in der Krim wird, ei / ne auf Landkarten nicht dargestellte Stadt wie Cugir z. Z. / des Führers Ceaușescu." Die Sprache des Gedichts, so hat es Bulucz' Dichterkollege Peter Waterhouse einmal gesagt, ist im Modus des Übergangs: „Das Gedicht sprach von nichts Begrenztem. Das Gedicht sprach von etwas Unbegrenzbarem. Alles im Gedicht war Übergang. Nichts im Gedicht war bei sich. (...) Es gab im Gedicht keine Bewegung des Setzens. Es gab im Gedicht die Bewegung des Ersetzens. (...) Das Gedicht ging vom Übergang zum Übergang in kein Endgültiges." Und solche intensiven Übergangsaugenblicke und polylingualen Offenbarungen generieren auch die Gedichte von Alexandru Bulucz. Das Gedicht "Gespräche mit Käfern" ist dem Band *Aus sein auf uns* entnommen, die übrigen Gedichte und der Essay sind Erstveröffentlichungen.

Alexandru Bulucz

Alexandru Bulucz

Vom Ende, der Rezeption, von Lyrik

Nur wenige Tage vor Beginn meines Studiums 2008 fielen mir bei meinem ersten Besuch der Frankfurter Buchmesse Eugène Ionescos *Wortmeldungen*, seine Gespräche mit André Coutin in die Hände. Dort behauptet er, dass die „höchste Weisheit" darin bestünde, „sich an den Gedanken des Sterbens zu gewöhnen": „Der Mensch, der nicht weiß, daß er stirbt, ist in gewisser Weise verkrüppelt. Und wer weiß, daß er stirbt, ist unglücklich." Es traf sich, dass ich nur kurz darauf mit der Lektüre von Dostojewskis Romanen begann. Als Erstes an der Reihe war *Schuld und Sühne*. Weil ich schon im Frankfurter Stadtteil Preungesheim wohnte, hatte ich täglich mit der U5 zu fahren. Ich erinnere mich gut daran, wie mich Raskolnikow fast zwei Monate lang, teilweise mehrmals am Tag, von Endstation zu Endstation begleitete. Ich hatte einen Ort gefunden, an dem ich lesen konnte. Die U-Bahn diente fortan nicht mehr nur der Beförderung zum Zielort oder nach Hause, sondern auch einem meiner ersten großen Lektüreeindrücke in einer Zeit der Selbstorientierung. Unter diesen Eindrücken glaube ich noch heute zu stehen. Denke ich an die gemeinsame Zeit mit Raskolnikow zurück, fallen mir vor allem zwei Dinge ein. Das eine ist geblieben, weil es mir aus meiner Kindheit schon bekannt war und *Schuld und Sühne* es lediglich hervorholte, das andere, weil die Städte, in denen ich bis dato gelebt hatte, nicht im Besitz solcher Infrastrukturen waren. Mir fallen die vielen nicht abgeschlossenen Türen und die nicht enden wollenden Hauptstraßen Sankt Petersburgs ein. Es ist vielleicht gar nicht übertrieben zu behaupten, dass es einst zur osteuropäischen Mentalität gehörte, die Türen nicht abzuschließen und also selbst das wenige, das man besaß, zu teilen, und dass dort, wo heute eher die Angst vor dem „Eindringling" Platz greift, Selbstüberwindung stand und die Nachbarn bei einem ein und aus gehen konnten, ohne anzuklopfen. Die Bereitschaft zur Selbstüberwindung und die Teilhabe am Anderen mögen aus den gemeinsamen Erfahrungen von Armut, Hunger, Krankheit, Selbstmord und schließlich dem, was man gemeinhin als Revolution bezeichnet, entsprungen sein. Der Tag, an dem der Vater eines Spielkameraden vom vierstöckigen Wohnblock sprang, ist mir zum Beispiel auch heute gegenwärtig. Aber wesentlich für mich war weniger der Sprung, vielmehr das halbe Dutzend Menschen aus der Nachbarschaft rund um das improvisierte Sprungtuch der gemeinsamen Erfahrung, das vielleicht nur ein größerer Teppich war. Der Springende überlebte mit einem Schlüsselbeinbruch, um sich später im Krankenhaus zu erhängen. Das eigene Verhältnis zum Tod wird dadurch sicher nicht erträglicher. Aber solche Erfahrungen entwöhnen einen zumindest vom Alltag, an dessen Ende immer das Unabwendbare wartet. Sie führen zu einem bewussten Leben in der Auseinandersetzung mit der Endlichkeit, der Sterblichkeit, der großen Vorläufigkeit ... Und so waren mir die langen, geraden Hauptstraßen aus *Schuld und Sühne*, die in Russland Prospekte heißen, von Anfang an nichts anderes als Perspektiven auf den Tod.

Führt man Ionescos Gedanken weiter, dann müsste im Wissen um die eigene Sterblichkeit auch der Akt des Schreibens vom Ende her eine unglückliche Angelegenheit sein. Schließlich befindet sich der Autor am Anfang eines solchen Schreibens in einer Art Passivität und Unfreiheit, ist doch der Tod nicht etwas, was man sich aussucht, sondern etwas, von dem man aufgesucht wird. Daher der nicht selten vorkommende Widerwille gegen die eigenen Texte und das bisweilen widerspenstige Selbstverhältnis der Texte selbst – was möglicherweise nur ein Ausdruck des Leidens daran ist, die Formen, in denen sich der Tod – in Träumen und Traumen, in Wendungen und Erinnerungsfetzen – einem nähert, nicht angemessen artikulieren zu können.

Nur das Bild von der Petersilie als Seele und dessen Ursprung in den Anderen möchte ich in diesem Zusammenhang hervorheben: Am Anfang war das zufällige Hören der klanglichen Verwandtschaft von Seele und Petersilie. Erst das anschließende Aufsuchen weiterer Petersilienmärkte bestärkte mich darin, von einer Petersilie auszugehen, die als korpulente Seele (nicht zuletzt sich selbst) eine Begleiterin ist. Was ich brauchte, fand ich unvermutet in einem rätselhaften Tagebuchnotat von Marie Luise Kaschnitz:

„Connie erzählt aus Schloss *Dorf* in Österreich. Als die Schloßherrin gestorben war, musste der Sarg zugelötet werden. Die Tochter saß bei C. und hielt sich die Ohren zu. Es dauerte aber lang, hörte nicht mehr auf. C. ging nachsehen, es stellte sich heraus, daß man (Kriegszeit) alle defekten Blechgegenstände, Gießkannen usw., in die Kapelle gebracht hatte. Die Krankenschwester hatte, weil Winter war, nichts Grünes gefunden, der Toten ein Kränzchen im Sarg zu machen, und schließlich Petersilie gepflückt. Aber die alte Köchin, die für den Leichenschmaus viele Gäste zu versorgen hatte, holte ihr diese Petersilie empört wieder aus dem Sarg."

Vielleicht versteckt sich hinter dieser Geschichte der „Aberglauben germanischer und romanischer Völker", in welchem, so Heinrich Marzell in seiner *Geschichte und Volkskunde der deutschen Heilpflanzen*, „die Petersilie als ‚Unglückspflanze' [gilt]. Ob diese Meinung damit zusammenhängt, daß im Altertum das selinon (Apium graveolens) zum Bekränzen der Toten und zur Bepflanzung der Grabhügel verwendet wurde?" Es scheint, dass Kaschnitz diesen altertümlichen Brauch erweitert. Indem sie die Petersilie nur provisorisch in den Sarg und somit zum Tod hinabsteigen lässt, erinnert sie an die Nekyia, die ihren ersten Auftritt im elften Gesang der *Odyssee* bekommt. Petersilie ist Nekyia. Sie beseelt und bringt die Toten eine Zeitlang wieder zum Sprechen, um dann erneut hinaufzusteigen.

Dass die an der Petersilie hängende Seele eine historische Tatsache ist, habe ich schließlich durch Hubert Fichtes schmerzlichen Hinweis auf das „Petersilien-Massaker" erfahren, mit dem er sein Buch *Petersilie* eröffnet und den Rita Dove in ihrem berühmten Gedicht „Petersilie" aufnimmt. Die letzten Verse lauten: „Der General denkt an die winzigen grünen Zweige / die sich die Männer aus seinem Dorf an den Umhang steckten / um die Geburt eines Sohns zu feiern. Er wird / befehlen, daß dieses Mal viele getötet werden // für ein einziges schönes Wort." Das schöne Wort *Perejil* (spanisch für Petersilie) wurde im „Masacre del Perejil" 1937 weit mehr als 20 000 Seelen zum Verhängnis. Auf Anordnung des „Generals" Trujillo sollten die schwarzen Zuckerrohrarbeiter aus Haiti – liest man auch bei Fichte – „von den Exekutionskommandos gezwungen [werden], das spanische Wort für ‚Petersilie' - ‚Perejil' auszusprechen; Trujillo gab vor, die dominikanischen Schwarzen zu schützen – nur die haitianischen Zuckerarbeiter sollten ausgerottet werden. Man behauptet, dass die Haitianer kein R sprechen können. Jedem, der ‚Pelejil' sagte, wurde der Kopf abgeschlagen." Ein regionaler Dialekt bzw. ein Soziolekt bindet die Petersilie an den Tod: „Alle sagten ‚Pelejil', wie sie es als Kinder oder als Einwanderer gelernt hatten", so Fichte weiter. Ohne etwas relativieren zu wollen, möchte ich in einem größeren Kontext behaupten, dass das Schreiben angesichts des Todes ein Schreiben mit dem eigenen aphasischen Dialekt ist, ein Schreiben mit Patholekt, ein Leiden am Sich-nicht-normgerecht-artikulieren-Können. Dass ich um Grammatikalität, „gerade Sätze" und Lesbarkeit bemüht bin, liegt vielleicht in der Dialektik dieser Bedingung. Zu schmerzlich ist es zudem, mitansehen zu müssen, wie mein Rumänisch immer mehr außer Gebrauch gerät und peu à peu ausstirbt, zu groß war und ist die Anstrengung, sich Deutsch beizubringen, als dass ich den Mut aufbringen könnte, ihm die Grammatikalität abzusprechen, wo es sich gerade in der Lyrik anbieten würde.

Ein Rezensent schrieb zu den Gedichten aus *Aus sein auf uns*, dass sie „nicht hermetisch" seien, dass ihre „Lesbarkeit" „Mitgefühl" auslöse. Es ist mir bewusst, dass das dem religiösen Glauben entspringende Solidarprinzip des Mitgefühls in einer zunehmend neoliberalen Gesellschaft an Bedeutung verliert. Wer aber bemüht ist, vom Ende her zu schreiben, sich mit seinen Schicksalsgenossen über ein Universalthema zu verständigen und zugleich Mitgefühl zu ermöglichen sowie Trost zu spenden, muss ein Dialogiker sein. Das ist es vielleicht, was Paul Celan meinte, als er Hans Bender schrieb, er „sehe keinen prinzipiellen Unterschied zwischen Händedruck und Gedicht". Natürlich entscheidet jeder Autor für sich selbst, wie literarische Verständigung im Einzelnen auszusehen hat. Mir würde schon reichen, man würde sie nicht von Anfang an in einer poetologischen (hier sogar neoliberalen) Zuspitzung, wie es scheint, ausschließen: „Denn was wird ein Wort sein, wenn ich aufhörte, es zu verschwenden an die Verständigung?" Dass Genauigkeit in Beobachtung und Reflexion genauso poetisch sein kann, ist doch vielfach belegt, zum Beispiel in Ilse Aichingers *Schlechten Wörtern*, in Kerstin Preiwuß' *Gespür für Licht*, in Werner Söllners *Knochenmusik* ... Deren existentielles Literaturverständnis paart sich mit einer Zurückhaltung in der Wortwahl und einer Skepsis gegenüber reizvollen Selbstüberbietungsmöglichkeiten: „Wenn ich das Gefühl habe, ich mogle, weil ich mich verführen lasse von einem schönen Bild, von einer ungewöhnlichen Wendung, dann lass ich sie sofort fallen und entscheide mich im Notfall für eine weit weniger interessante oder irritierende Wendung, wenn ich den Eindruck habe, eigentlich ist es das, was du sagen willst." (Werner Söllner) „Poetisch freilegen, meine ich – nicht zupoetisieren", notiert Fichte in seiner *Petersilie* und meint dabei nichts anderes als den schlechten Stil des Anhäufens poetischer Arbitraritäten.

So ist mir das Schreiben vom Ende her auch eines von den potentiellen Lesern her. Nichts spricht nämlich gegen Verständigung und Lesbarkeit in literarischen Texten, zumal die Befürchtung, der eigene Text ließe sich restlos auflösen, sich äußerst selten bis nie bewahrheitet ... was mich noch einmal zu den nicht abgeschlossenen Türen aus *Schuld und Sühne* zurückkehren lässt: Mir scheint, dahinter verbirgt sich eine Metapher, die für die umverteilungspolitische Dimension von Literatur steht – für die Notwendigkeit von Lesbarkeit und der Rezeption dienenden Anhaltspunkten in literarischen Texten. Raskolnikow wird einmal von Rasumichin gefragt: „Schließt du denn die Tür nicht ab?" – „,Niemals. Ich will mir übrigens schon seit zwei Jahren ein Vorlegeschloß kaufen', warf er nachlässig hin. ,Glücklich, die nichts zu verschließen haben!' wandte er [Rasumichin] sich lachend an Sonja." Dass gerade Rasumichin danach fragt, verwundert, wird doch über ihn selbst symbolisch erzählt: „Einmal, nachts, in einer lustigen Gesellschaft, hatte er einen riesigen Türhüter niedergeschlagen." Interessanter für meinen Punkt ist weniger die weit geöffnete, vielmehr die „etwas" geöffnete, die, „wie auch neulich, nur auf einen schmalen Spalt" geöffnete, die „halbgeöffnete" Tür: „Durch die halbgeöffnete Tür schaute die Wirtin herein. Raskolnikow richtete sich auf. ,Wer ist das?' fragte er Nastasja und wies auf den Burschen. ,Sieh da, er ist bei Bewußtsein!' sagte sie. ,Er ist bei Bewußtsein', wiederholte der Angestellte. Als die Hauswirtin merkte, daß er zu sich gekommen war, schloß sie sofort die Tür und verschwand." Die halbgeöffnete Tür, durch welche die Wirtin Praskowja Pawlowna ihrem Misstrauen gegenüber dem meistens im delirierenden Zustand befindlichen Raskolnikow Ausdruck verleiht, lässt sich schließlich auch im Zusammenhang mit dessen „halbgeschlossenen Augen" verstehen, wie es an anderer Stelle heißt ... und jedem und jeder bleibt dadurch vielleicht nur ein minimaler Wahrnehmungsspielraum für den anderen oder die andere übrig. Aber immerhin, das ist nicht nichts, sondern der gemeinsame Nenner, die verständige Schnittmenge, derer es bedarf zwischen Text und Lesern, um diese an jenen zu binden. Die Wirtin stand auf der Schwelle, hat immerhin hineingelugt, sich aber dann entschieden, umzukehren und zu verschwinden. Aber es stand ihr offen, einzutreten. Gut, sie hatte kein Mitgefühl mit Raskolnikow.

Alexandru Bulucz

Gedichte

Stundenholz

Seid gegrüßt, Rose, erbarmt Euch, hab Euch verwechselt, gestern für wen
    denn gehalten,
einen Stein, einen Stein im Vogelzug. Der war ein Wasservogel, und ich im
    Kehlsack eine
wurzellose Zwerglinse, um an anderen Orten, in anderen Wassern zu
    blühen. Habt Gnade
mit mir Verborgenem. Ich bin der Herr, der bei Euch und bei ihr zugleich
    gewesen. Wir flogen

Karpatenhügel entlang, über den südlichen Bug. Den bukowinischen
    Fragen, wo Heimat
beginne, Erinnerung ende, glaube ich die Fragezeichen. Wir flogen über
    Holzrauch
von Klöstern, über liturgische Rufe aus Stundentrommeln von Mönchen,
    „toaca"-
Klänge spannten eine Himmelsleiter auf uns zu und über uns hinaus. Wir
    beteten mit

den Orthodoxen, den Mönchen, die zu uns heraufkletterten, den Kopten,
    Griechen,
Armeniern, Bulgaren, Russen usw. (Letten, Esten, Litauern). Ahnt Ihr,
    Rose, was
ich glaube? Dass die rumänischen Mütter ihre Söhne zu Mönchen erzie-
    hen. Früh schon
zeigen sie ihnen, wie „salată de vinete" gemacht wird. Mit dem aus der
    Buche geschnitzten

Äxtlein klöppelt der kleine Mönch das Fruchtfleisch der gegrillten Auber-
    gine klein
auf dem Brett aus Stundenholz. So lernt er die Schlagtechnik und erste
    freie Rhythmen
für die „toaca". So also betet er und weiß es nicht. All so lehnen sie die
    Gegenleiter
an die Wand der Erinnerungskapelle. Wäre ich gestern hinuntergeklettert,
    ich hätte, was

unter der Schädeldecke begraben liegt, aufsuchen können. Aber vielleicht
   wäre sie
geschlossen gewesen. Ihr wisst ja, was Kafkas Kutscher – oder war der
   Kutscher
Kafka – sagte, als er an die hohe Mauer kam und die Fahrt einstellen
   musste. Er sagte, es sei
eine Stirn. Nur rückwärts steht nichts im Wege, so dass wir verrückt vor
   Kummer werden.

Und also flogen wir weiter über Lust, Lust und Verlust, über den Schmerz,
   den nicht-
gespiegelten. Wir flogen über das Gedächtnis, das schmerzlich erinnerte,
   wir flogen
eine Löschfluglinie stracks nach Năvodari ans Schwarze Meer. Dieses
   Meer scheint mir
wie ein Sammelbecken der Augenblicke, der Augenblicke Maria Magda-
   lenas. Die meinen

Augenblicke Madeleines sind gesalzener Kukuruz und Wassermelonen. In
   Siebenbürgen
nennt man die Wassermelone „Wasserpäddem". Rumänisch „lubeniţă".
   Ich nannte sie
stets „lebeniţă", als ob ich deutschlos nicht wusste, was heute Leben heißt.
   Gesalzener Kukuruz
und Wassermelonen also. In dieser Reihenfolge. Jener vor diesen, diese
   nach jenem,

Salz vor Süße nach Salz. Ich leckte gesalzenen Kukuruz wie Bergkerne das
   Wild,
dann fraß ich Körner, und nach Aufsaugen des Kolbens, des weichge-
   kochten, fraß ich Teile
des Kolbens selbst. Mit dem Tier im Mönch erging es den Wassermelonen
   noch schlimmer.
Die Milchzähne machten halt vor nichts. Grüne Fruchtrinde, rotes
   Fleisch, schwarze Kerne,

ein Ende aus nichts. Aber muss man den Augenblick nicht aus zeitlicher
   Distanz betrachten,
damit er überhaupt zu einem solchen wird? Die einen reden von der
   Präexistenz
Christi, vielleicht sollten die anderen, die ich bin, von der Präexistenz
   Madeleines reden.
Eine Art verschränktes Erinnern, wie die zum Gebet gefalteten Hände.
   Und was zu was

und was zu wem und wer zu wem und wann zu was gehört, tut nichts zur
  Sache. Es spielt
keine Rolle, ob ich den Kukuruz auch in Năvodari ... In dieser Reihenfolge also. Salz
vor Süße nach Salz. Wie eine irreparable Verkalkung von Gefäßen im
  Hirn,
die das Gefühl für Chronologien löscht. Und also stelle ich mir vor, dass
  es Demenz-

augenblicke sind. Dunkel und leuchtend zugleich. Noch einmal, Rose,
  seid gegrüßt
und erbarmt Euch, ich habe Euch verwechselt, für eine andere gehalten,
  eine
Wasserzugvogelerscheinung. Und ich im Kehlsack die wurzellose Zwerglinse. Da ich
andernorts blühen sollte. Habt Gnade, denn ich bin der Herr, der bei
  Euch und bei ihr

zugleich gewesen, irrtümlich göttlicher Fremdgeher. Wisst Ihr, warum ich
  Euch
verwechselt habe? Ich dachte an ihren Satz der Identität, in dem Euer
  Name vier Mal
genannt ist, und Ihr verschwindet von Mal zu Mal. Sie hat Euch wie ein
  Missverständnis
ausgeräumt und es mir einverleibt. Seid gegrüßt, Rose und Stein, voll der
  Gnade,

gebenedeit seid ihr unter den Menschen, gebenedeit sei euer Leib und gebenedeit euer Korpus.

Gespräche mit Käfern

Ich will sprechen
über die Urwald-, die Mantis-
relikte, Eremiten
und allerlei Käfer
aus den Mulmhöhlen der Rotbuchen,
drin sie ein Weilchen brummen,
draus sie dann hinaufbrummen
den Gesang der Welt
von der Ausstreichung der Trägheit.
Die Hälfte des Rotbuchenlaubs
hängt im Herbst und Winter noch
an den Zweigen ...
draus sie hinausbrummen
den Abgesang derer, die wachsam
lauschen und trocken hängen im nichts
bewirkenden Wind,
dem rauhen, nicht rauen,
der nicht schädlich, nicht nützlich,
der lediglich Schmutz ist.

Von der Komik des einen im anderen

Wir, das Elend und der Wirsing, in der Kohlsuppe,
falls man am Ende des Monats überhaupt noch isst,
was man war, da es wundernimmt, dass wir singen

von einer Zeit, die erholt sich wiederholen wird,
da mit den Gewürzen aus dem Schrank nur noch
die Gewürze aus dem Schrank zu vergeistigen sind.

Da der Fertigbrühe Körper Seele ist – die wässrige
Petersilie. Und das Elend des Magens ist Wirsing
und der Wirsing des Magens die Zeit, da wir aus

des Nachbarn Brunnen nur das Wasser für die Brühe
schöpften. Da der Hunger der Malignität sich versöhnt
und die Benignität Appetit macht auf mehr. Da der

Mund jetzo dem Mund nach dem Wirsing redet,
und das Elend isst das, was schweigt, also fehlt,
um von selbst in sich selbst zurückzukehren.

Es hat was

Libidinöses, durch Kontexte, Ösen, Äxte einen Pfeil zu schießen,
schießen können zu müssen wie Odysseus vom Ereignis übers Bild ins
    Urteil.
Schon fügt sich, ohne Grab und Kompass, derart rasch zur Trinität das,
    darunter
man so Krieg versteht, so unkeusch pornographisch, so obszön, dass
    Phantasie
verlöscht in Mitgefühl. Weder Standpunkt noch Betrachtung, keine Di-
    mension.

Massive – zurückgedrängt von unsichtbaren Bergen. Aus der Klamm, die
    ich bin,
blieben Felswände, Stege, Brücken, Stollen, aus der Schlucht bliebe der
    Anstieg,
aus den vielen anderen Tälern bliebe eine abgenutzte Ausrüstung, ein Paar
Schuhe, ausgemergelt, roh. Es blieben Hohl, Daniel und zwei Amseln,
    Flüchtlings-
gespräche von Verwirklichung. Es bliebe vielleicht, auf Höhen zu sterben,
    in Höhlen
begraben zu werden, ganz mythisch wie – der Rede nicht mehr wert. Ver-
    lorene

Kontexte ganz normaler Bürger in Raqqa, todgeweiht, in Akra, und ein
    Als-ob
in Österreich oder so ähnlich. Als ob im Zedernwald (im Bauch der römi-
    schen Flotte)
Gezeter trösten würde. Wer lernte Raketen auch als Spektakel
zu nehmen? Daneben zerstörten sie Schreine, entweihten sie Bauten, da-
    neben.

Egal, ob enthauptet oder entleibt wie entsagt – von Bildern wurden wir
    frei-
gekauft. Die Ablösesumme in philippinischem Peso an grobe Augenkärr-
    ner gezahlt.
Grobe Augenkärrner – diese Lumpensammler, Cartoneros, Catadores,
    Chiffoniers.
Das müssen sie wohl sein. Nun bewegen sie Massive hinter unsichtbare
    Berge
von Datenmüll, menschlichem Abfall. Ohne Überreste-Glibber, Ratten
    und Gestank,
nur Jibber-Jabber, Kauderwelsch. Ohne Augen – keine Gipfel der Ver-
    zweiflung,

null Material. Nur Seekabel, nur Meer schraffierendes Gedärm, libidinöse
   Pfeile
durch verlorene Zusammenhänge, zahllose Ösen, Äxte, Verdautes im
   Kabeldebakel
auf dem Weg zu Gletscherschmelze, unheiligen Halden, Haufen, Kippen,
   Tonnen, Deponien ...

Vom Sonnenberg

Mühelos – wie die polnischen Maler & Streicher, die Euphemisten
der Schönheit, am Abend bei Bier & Zote Hanne Wulff aus Zettel's Traum
    zitieren,
ums kleine Ultimo zu erheitern: Hah: ne Vulv. In Altbauten, in der Abwe-
    senheit
von Postboten. Wozu Straßen-, wozu Namensschilder.

Meide es, Vater, aufzufallen, entleere die Lunge in der luftigen Höhe der
    Gewölbe,
der Holzbalkendecken und Kastenfenster, der Engelsleitern. Raum &
    Himmel
als eins zu betrachten ist Sache des Klerus, den Gläubigen sei der Glaube
    & die Gewissheit, dass Innen & Außen zu Ende erzählt sind.

Nichttragende Wände abreißen, Spachtelmasse in Risse streichen, Un-
    ebenheiten
ausgleichen, Gasruß über Küchenfenstern abschaben, Fassade dämmen
    und Farbe
auftragen. Den Gläubigen gehören der Glaube & die Gewissheit, dass
    Schönheit ist
in der Bildbeschreibung. Und dem Arbeiter Leitmotiv zur Nacht.

Nur eins kommt nicht vor, im Testament & den Träumen nicht, dass die
    Frau
sich hinwirft vor ihn, den Einzigen, um zu sagen: Ich will einen Sohn!
Das wäre vermessen. Aber der Sonnenberg, der Berg des Apollo, & der
    Bensberg,
der Berg der Artemis, werden vom Lüderich, dem Berg der Latona, über-
    ragt:

Hah: ne Vulv. Die polnischen Maler & Streicher, diese neutestamentari-
    schen
Schöpfungsgenossen, Heras Komplizen, haben die Falsche erwählt, haben
    Jane Doe
aus dem Rennen genommen, Jeanny vielleicht – mit neuer Fassade verse-
    hen,
Zentralheizung eingebaut. Und all dies vor kommendem Sonntag.

Karl-Marx-Städter Psalm

Im fünften Kapitel des Evangelisten Matthäus steht, bis dass
Himmel und Erde zergehe, wird nicht zergehen der kleinste
Buchstabe noch ein Tüttel, aber ihn auszusprechen, fiel schwer
und tat es trotzdem. Keine Frage, die ihn mir gezielt hätte
entlocken können, und tat es trotzdem, keiner, der die Neugier
befragte, um sich ausschließen zu lassen. Tat es trotzdem.

An dem, was am heiteren Blick hängt, zu viel, geh ich zugrunde,
aber mir fehlt die Geduld, mich in mich zu denken, ohne den
ohnehin früher als späteren Rest, gehe ich trotzdem. „Was ist
passiert, dass du ...?", hast du mich hin und wieder gefragt.
„Fühlst du denn nicht, dass du es nicht fühlen kannst?", hab ich
gesagt und gesagt: „Geh fort aus Ägypten!", bevor es uns gab.

Nehmen wir Chemnitz. Altbauten-Leerstand. Von allem zu viel,
viel Leid, zu viel, Windstille und geköpfte Fassaden, und tat
es trotzdem, trotz so viel zu viel Schönheit. Und alle Ideen sind
wahr, sind Gesten, die mich festhalten in den Fenstern, den Buchstaben der leeren Stadt, und das Scheppern der leeren Eimer
und Gefühle ... dieser nichtssagenden, einander verfehlenden,

bis dass Himmel und Erde zergehe, bis weder Tag noch Nacht
gerettet werde. Zähl sie, die Tage! Beeil dich! Beil mir! Bei dir!

Hl. Crescentia

Dornenkrone auf blutüberströmtem Haupt in braunem Gewand auf
    ganzer
Fußsohle auf Latschen, blühende Schulterwunde, um Hüfte & Hand-
    gelenke
eine Kette, unendliche Kniebeuge mit ausgestreckten Armen über einem
    tiefen
Wasserkrug wie Feuer fragt nicht mehr nach, ob Frist oder Frost oder
    Frust

denken aus Entkräftung was tun hieße. Jesus, der Ruin, der Heroinabhän-
    gige
am Chemnitzer Hbf, in voller Aidsblüte, in Bettelmodus oder aufrechter
    Schlaf
haltung, & ich, Crescentia Höß von Kaufbeuren, eine hl. Heroine am
    Seiten
portal voller Freude über den perfekten Netzempfang, um das Elend zu
    sharen.

Mein Kind

Moral, das ist, Du erinnerst Dich, eine Tautologie, von Architekten den Geschmack an Symmetrie zu erben. Das ist die mit der Mutter milch aufgesogene Klatschtechnik der Schmetterlinge: In der Mitte Gefaltetes, auf einer Seite mit Farbe Betupftes, schnapp zu. Moral, das ist auch im Winter, das Larum nach dem Lirum im Ural, wie Klima über die Crima allmählich zur Lacrima in der Krim wird, ei ne auf Landkarten nicht dargestellte Stadt zuzeiten wie Cugir z. Z. des Führers Ceaușescu. Größtes Zentrum der Rüstungsindustrie war in RO Cugir. Moral ist Lager & leger, das ist kläglich, hinlänglich & hinklänglich bewiesen, der Traum von Reinheit, der Trauma-Reim. Wenn nichts dazwischenkäme, Moral wär' unerreichbar, das Ziel un endlich fern, Moral wär' tausendjährig. Aber es kommt etwas dazwi schen – 1. Bsp.: die Moral des Selbstmords zwecks Vermeidung fr...ei genen Leids. 2. Bsp.: der gekammerte, aus Labmagen & zwei Vor mägen sich zusammensetzende Gesamtmagen von Wüstenkamelen, auch Wüstenschiffe genannt, weil ihr schaukelnder Ritt Seekrankheit auslösen kann. Lagerhaft könnte ihrer Hunger- & Durstresistenz nichts anhaben. An Magenkrebs verrecken, höchst unwahrscheinlich. 3. Bsp.: die Kältekompetenz der Waldfrösche. Kälteste Winter verbringen sie zu Eis erstarrt, i. e., zwei Drittel ihres Körpers sind tiefgefroren. Sie er reichen eine Körpertemperatur von minus 18 Grad – Eisstarre, in der sie mehr als 7 Monate verharren können. Funktionen wie Herzschlag, Blutfluss & Atmung setzen in dieser Phase völlig aus. Sie sind prak tisch tot. Dafür bilden sie ein körpereigenes Frostschutzmittel aus Zuk ker, der in den Zellen abgelagert wird, damit sie keine Flüssigkeit ver lieren, nicht vertrocknen oder beschädigt werden. Sie sind süßer als Co ca-Cola. Für die Wintermoral sind sie gut gewappnet, tauen danach auf.

Annina Haab

Alitage

Der Skandal des Sterbens; dieses große literarische Thema wird hier auf berührende Weise von der Enkelin geschildert, die ihre geliebte Großmutter verliert. Das Entsetzliche dieses Verlustes kann nur über erzählerisches Wiederfinden verkraftet werden; und so versucht die Ich-Erzählerin, aus den wenigen Anekdoten und Fragmenten, die sie als Kind gehört hat und die sie ihrer Großmutter bei den Besuchen im Altersheim entlockt, ihre Lebensgeschichte aufzuschreiben. Wir sehen eine literarische Figur entstehen: In ihren Aufzeichnungen gibt die Ich-Erzählerin der Großmutter den Namen Ali, entlässt sie so aus der familiären Rolle und entfaltet das Schicksal einer Frau im frühen 20. Jahrhundert, die aus armen Verhältnissen in einem entlegenen Schweizer Dorf nach London geht, um dort als Hausangestellte zu arbeiten. In Alis Geschichte spiegelt sich die der jungen Erzählerin wider mit ihren heutigen Erwartungen und Vorstellungen, die durch Alis lückenhafte Erinnerungen unterbrochen, berichtigt oder bestätigt werden; eine Erzählerin, die uns wie nebenbei etwas Wesentliches über Literatur vermittelt: Sie handelt davon, wie es gewesen sein könnte. Ein Roman, der das Sterben zum Anlass nimmt, über unseren Umgang mit dem Altwerden und die Rolle des Erzählens nachzudenken. Denn: So lange erzählt wird, ist Leben.

Es beginnt nicht mit einer Beerdigung

Ali sollte die Geschichte erzählen, nicht ich. Ich war nicht dabei, aber Ali weigert sich ja.

Außerdem scheint sie nicht das Bedürfnis zu haben, ihr Leben zu einer Erzählung zusammenzufügen. Ich habe es schon oft versucht, muss die Phantasie zu Hilfe nehmen und über all die weißen Stellen etwas zeichnen. Ich weiß nicht viel. Nur meine Liebe, davon könnte ich schreiben, aber ich will, dass es um Ali geht.

Obwohl Ali noch lebt, haben die Erzählungen in meinem Kopf immer mit ihrer Beerdigung begonnen. Ich dachte, dass ich mich vorbereiten könnte; dass ich so viel über die tote Ali und über die Konsequenzen ihres Todes nachdächte, dass es danach nicht mehr schlimm wäre. Ich dachte, wenn ich jede mögliche Situation schon durchgespielt hätte, als wäre Ali tot, dann könnte mich zumindest nichts mehr überraschen. Aber dass Ali stirbt, ist trotzdem immer unvorstellbar geblieben. Ali ist nicht tot und soll auch nicht sterben.

Ich kann mir mich hier nicht vorstellen, ohne Ali am anderen Ende dieses Sees zu wissen. Könnte keinen Schritt tun, wenn ich nicht wüsste, dass sie da ist und das Land festhält.

Es gab diesen Tag, ich erinnere mich daran, da wurde es mir plötzlich bewusst, wie ein Blitzschlag im Kopf. Im ganzen Körper eigentlich. Da begriff ich, dass Ali irgendwann sterben würde. Seither habe ich immer wieder Angst. Manchmal akut.

Vor zwei Monaten dachte ich, es wäre so weit. Ich war am Meer, als mein Bruder mich anrief, weil Ali im Krankenhaus lag. Ivan sagte, Wirbel eingefallen, Wasser im Bauch, Leberzirrhose. Da bin ich in Panik geraten, habe sechsunddreißig Stunden lang in einem Reisebus gesessen und gedacht, es reicht nicht mehr, und geweint.

Ali lag dann in einem halbsterilen Krankenhausbett und sah zerknittert aus und blass und alt.

Meine Mutter hat gesagt, sie ist alt, jetzt wirklich schon sehr alt.

Im Zimmer lagen noch drei weitere Frauen, die eine hat geheult, die andere hatte eine Lungenentzündung und hustete den ganzen Tag, die dritte war dement, wankte andauernd aufs Klo, zog sich dort aus und begann nach Hilfe zu schreien. Das hatte alles überhaupt nichts mit uns zu tun.

Seit Ali nicht mehr so ist, wie sie einmal war – ich weiß nicht, wie und wann es passieren konnte –, erschrecke ich eigentlich jedes Mal, wenn ich sie sehe, auch wenn ich mich langsam an ihren Anblick hätte gewöhnen können.

Wo sind die Haare hin, wo das Fleisch unter der Haut, es scheint so, als wäre Ali nach und nach von allem verlassen worden. Außer von den Menschen.

Wir schauen zu, wie sie einfällt.

Schreib alles auf, sage ich, aber Ali will nicht. Zu müd, zu alt, zu anstrengend, sagt sie, mach du doch. Ali erzählt weiterhin am liebsten nur Possen und Anekdoten. Ich kann es vielleicht auch nicht, sage ich. Und sieh zu, dass es lustig wird, sagt sie. Ali möchte, dass gelacht wird.

Weißt du, was ich lustig finde, Ali? Die erste Radiostation, die ging auf Sendung, bevor überhaupt irgendjemand einen Empfänger hatte. Niemand konnte hören, was gesendet wurde. Und die, welche sendeten, wussten das, und sendeten dennoch. Weil ja niemand einen Empfänger gekauft hätte, solange es nichts zu empfangen gab. Hast du das gewusst, frage ich.

Ali sagt, früher im Riet, da wo sie aufgewachsen ist, da hatte nur der Matter ein Radio. Das stand im Wohnzimmer auf einem Wandregal. Der Matter konnte es sich leisten, als Einziger, weil er im Bergwerk gearbeitet hat, was nicht schön, aber einträglich war.

Ali sagt, alle Stühle waren besetzt in Matters Wohnzimmer, aber wer seinen eigenen Stuhl mitbrachte, durfte sich auch dazusetzen, und außerdem wurden die Fenster aufgemacht und die Jüngeren haben draußen auf Baumstämmen gesessen und so haben sie jeden Abend Radio gehört, den ganzen Krieg hindurch.

Ich habe versucht, Ali umzuwandeln, im Kopf, habe sie Arnim genannt, sein Begräbnis beschrieben und dann gemerkt, dass es nicht geht, dass es die Geschichte einer Frau ist.

Zuletzt taufte ich sie Charlotte, der Name gefiel mir, und ich fand ihn passend, weil eine Schwägerin von Ali so heißt. Habe sie ins Tessin geschickt und ihr einen Mann an die Seite gestellt, aber das ging alles nicht, es war immer zu real oder zu erfunden, dann wieder zu echt, dann wieder gelogen.

Ali ist ein Code, sind drei Buchstaben, damit ich nicht Oma sagen muss oder Großmama.

Ali ist meine Großmama.

Annina Haab

Was machst du denn hier? Ali sieht mich entgeistert an. Gekommen bin ich. Du bist doch am Meer, sagt Ali. War ich auch. Ja eben, und jetzt?! Jetzt bin ich zu dir gekommen. Endlich – denn seit Ivans Anruf war ich wie betäubt, stellte mir ununterbrochen vor, dass ich zu spät kommen könnte. Wie soll ich Ali sagen, dass ich Angst habe, sie stirbt? Auf dem Ohr ist sie taub, außerdem will ich jetzt nicht gleich losheulen und die Tränen stehen mir schon wieder recht nah. Was soll denn das, fragt Ali, entrüstet, du bist doch wohl nicht wegen mir früher aus dem Urlaub zurückgekommen! Doch. Mehr kann ich nicht sagen, sonst würd gleich alles aus mir herausbrechen. Also sicher nicht, Ali will es so nicht haben, und darum soll es auch nicht geschehen sein. Sie denkt, sie hat mir meine Ferien verdorben. Ich sage, es ist ja selbstverständlich ... und sie: papperlapapp. Das wäre jetzt wirklich nicht nötig gewesen. Dann drückt sie den Notrufknopf, weil die Demente wieder nackt im Badezimmer steht und schreit.

Ali sagt, so, jetzt ist es so weit, jetzt sterb ich. Und ich sage, du spinnst. Ich sage, das wird wieder gut, und mit dem Wirbel kann man sicher auch noch etwas machen. In St. Gallen gibt es einen Arzt, der die Wirbel ersetzen kann, sagt Ali, oder irgendwie auffüllen mit Beton, aber das lohnt sich nicht.

Es kommt mir so vor, als würde Ali bei der Gelegenheit gleich alle Brücken einreißen, nach Hause will sie nicht mehr, und zu Lena auch nicht. Nix da, deine Mutter hat schon genug zu tun, ich weiß, wie das ist, wenn man die Alten am Hals hat, sagt Ali, es ist viel zu viel, und ich will nicht die ganze Zeit ein schlechtes Gewissen haben müssen, weil sich alle um mich kümmern und Punkt.

Ich versuche dennoch Ali zu überreden, nach Hause zurück oder zu Lena zu ziehen, wenn sie aus dem Krankenhaus erst einmal entlassen wird. Vielleicht ist es auch gar nicht mehr nötig, sagt Ali. Ich hasse das.

Dieses Jahr kann ich also mit niemandem ans Geissenbein, sagt Ali, aber ihr seid sowieso alle zu alt. Erinnerst du dich überhaupt? Natürlich erinnere ich mich, früher sind wir jedes Jahr dafür nach Rapperswil gelaufen, es war einer dieser Tumulttage, ich glaube, es war ein Fest, um den Winter zu vertreiben, jedenfalls versammelten sich alle Kinder und Erwachsenen auf einem Platz vor dem Stadthaus und begannen zu skandieren, eins zwei Geissenbein, eins zwei Geissenbein. Niemand wusste, was das bedeuten sollte, und ich mochte auch das skandieren nicht so sehr. Ali hielt meine Hand und rief mit gedeckter Stimme ein bisschen mit, eins zwei Geissenbein, um mich zu ermutigen. Nach einer Weile sprangen die Fenster in den oberen Stockwerken auf und es flogen in hohem Bogen Würste, Brote und Biberfladen zu uns herunter. Ali ließ mich los und ich sprang mit den anderen Kindern herum und versuchte Würste und Biber, wenn es nicht anders ging auch Brote zu erwischen. Ali stand mit stoischer Miene und vor dem Bauch verschränkten Händen still wie ein Stock. Trotzdem hatte sie, wenn der Spuk vorbei war, oft mehr ergattert als ich, weil es ihr direkt in die Hände flog oder ihr aus unerfindlichen Gründen von andern Leuten zugesteckt wurde. Waren alle Fenster wieder geschlossen, tauchte von irgendwoher eine Blaskapelle auf und lief trötend über den Platz, bevor sie sich irgendwo aufstellte und ein paar Stücke spielte. Wir setzten uns auf eine der Bänke oder auf die steinerne Treppe vor dem Dom und futterten, wie wir sagten, Wurst mit Wurst, während Ali mit dem Fuß den Takt der Musik klopfte. Sie mochte diesen Geissenbein-Tag wegen der Musik, während ich die Musik vor allem wegen Ali gut fand und die fliegenden Esswaren viel lieber mochte. Wann fliegen sonst schon ganze Ketten von Würsten aus dem Fenster?

Außerdem hatte Ali traditionsgemäß eine winzige Tube Senf dabei, die gerade für diese eine Mahlzeit reichte und mir, des guten Stils wegen, ein Gefühl der Überlegenheit gegenüber den andern bescherte, welche zudem ihre Wurst mit Brot aßen.

Ali ist eingeschlafen, ich wundere mich über die Plötzlichkeit, vielleicht wegen der Schmerzmittel. Ich halte meine Hand vor ihr Gesicht, nur um sicherzugehen. Ich decke sie zu und fühle mich seltsam dabei.

Im Flur quetsche ich mir Desinfektionsgel auf die Hände und reibe sie ein, es brennt. Ich fasse nichts mehr an. Mir ist schlecht, in Krankenhäusern werde ich immer seekrank, als hätte ich keinen festen Boden unter den Füßen. Ich drücke mit dem Ellbogen auf die Lifttaste und fahre ins Erdgeschoss. Ich drücke mir unten noch mehr von diesem Gel in die Hände und halte die Luft an, bis ich draußen bin.

Dann kommen die Tränen doch. Ich laufe zu Fuß bis ins Nachbardorf, nach Hause zu Lena.

Die Welt ist das Gegenteil vom Zuhause

Zu Hause im Riet muss alles immer gleichbleiben.

Die Männer sind Bauern und die Frauen sind Bäuerinnen, Ali will die Welt, hat nicht viel am Hut mit Kartoffeln und Mais. Sie sieht ihre Mutter und die anderen Frauen, wie sie müde sind und abgekämpft, wie sie mit Müh und Not Hof und Haushalt bewältigen, abends im viel zu schlechten Licht noch Stickarbeit machen, St. Galler Spitze, um sie an die ansässige Fabrik zu verkaufen. Und trotz des zusätzlichen Verdienstes kommen sie nie aus dem Dorf heraus. Ali kann sich Schöneres denken.

Sobald es geht, geht Ali nach England. Sie ist vierundzwanzig Jahre alt. Ich stelle mir vor, wie sie mit einer Fähre nach England übersetzt. Über den Ärmelkanal als Galionsfigur mit großen Brüsten. Dabei passt das gar nicht zu einer Fähre der späten Vierziger. Die Locken vom Salzwind verweht, Ali atmet das Meer, zum ersten Mal, die Möwen, das Geschrei, das Dröhnen der Maschinen. Eine Undenkbarkeit. Sie zieht die Jacke enger um die Taille und sieht ihrer eigenen neuen Welt entgegen.

Die Winter, Johann, die Küsse, alles ist mehr als tausend Kilometer in Vergessenheit geraten. Eine lange Zugfahrt, es ist alles zwischen die Schienen gefallen, wie die Exkremente aus dem Abort des Waggons.
　　Der Vater hat gesagt, komm so zurück, wie du gehst! Ali hat hinter den Lidern mit den Augen gerollt und zurückgerufen, woher willst du wissen, wie ich gehe.
　　Dann nur noch Vaters rotes Gesicht, ohne Worte, außen am Zugfenster. Langsam fiel es seitlich aus dem Rahmen, als der Zug ins Rollen kam. Es könnte die letzte Unterhaltung mit dem Vater gewesen sein.
　　Überhaupt ist das fast alles, was ich über den Vater je gehört habe.

Wie sich das anfühlt, diesem England entgegenzufahren. Die Vibration des Schiffes, die Leute rundherum, die Englisch sprechen, Französisch, einige Deutsch, ein Wortteppich, aus dem Ali keine Bedeutungen herausfiltern kann. Der Lärm mischt sich mit Alis Herzschlag, der aus ihrem Brustkorb in den Kopf herauftönt.
　　Es war fast zu einfach, eine Annonce in der Zeitung, eine einzige Bewerbung, die Meyers schreiben einen kurzen Antwortbrief, sie bestätigen das Anstellungsverhältnis und bestellen Ali auf Ende August nach London, kurz darauf sitzt sie im Zug.
　　Die Eltern hat Ali vor vollendete Tatsachen gestellt. Der Vater hat geschwiegen, die Mutter geweint.
　　Ali weiß, wo die Welt ist.
　　Die Welt ist das Gegenteil vom Zuhause.
　　Es ist London in der Mitte des Jahrhunderts.

Dann geht alles unwahrscheinlich schnell. Die Fähre legt an, die Passagiere strömen über die Brücke ans Ufer, unter ihnen Ali, kann nicht viel sehen, Hüte, Regenschirme, Koffer, sie selbst hat wenig dabei, drei Garnituren an Kleidern, ein Buch wahrscheinlich, was wäre das dann für eins? Eine Übersetzung von Camus, oder eher druckfrisch *Don Camillo und Peppone*, irgendein Buch, das sie in Zürich in der Nähe des Hauptbahnhofes gekauft hat, wahrscheinlich einfach eins, dessen Titel ihr gefallen hat. Ali lässt sich vom Strom der Passagiere nach unten treiben, springt mit einem kleinen Satz an Land, hat wieder festen Boden unter den Füßen, ein Königreich sogar. Sie folgt ein paar Franzosen zum Bahnhof und wartet mit ihnen auf die nächste Eisenbahn nach London. Sie zieht von einer Zigarette und fühlt sich schon wieder wie auf dem Schiff. Im ratternden Zug schläft sie ein, das Köfferchen zwischen die Waden geklemmt. Sie wird geweckt, als der Zug in London einfährt. Es regnet.

Ali ist froh, endlich aus dem stickigen Zug aussteigen zu können. Sie schaut sich auf dem Perron um und wird dann am Arm gepackt und zur Seite gezogen, will sich kurz widersetzen, Fräulein Mattle, sagt der andere aber. Sie weiß nicht, wie er sie hat erkennen können, ja, das ist sie, wird sie wohl sein, Miss Mattle, wie albern das klingt, aber daran muss sie sich gewöhnen. Man kann sich an fast alles gewöhnen, denkt Ali. Das Herz klopft noch immer.

England ist kühl. Der Herbst kommt früher als im Riet, es wird mitten am Nachmittag dunkel. Die Welt kann wohl genauso eng, aber nie so gemütlich sein wie das Zuhause.

Eigentlich hat sie es sich nobler vorgestellt, die Tapete im Wartezimmer ist vergilbt und geschmacklos. Sie kennt sie auswendig, schaut sie jede Nacht an. Ali schläft auf der Couch im Wartezimmer des Arztes, bei dem sie als Kindermädchen angestellt ist. Ja, was hast du erwartet, sagt sie sich dann manchmal, was hast du bloß erwartet. Das Zimmer kann sie nicht abschließen, kann sich nirgendwo ausbreiten, nie etwas liegen lassen, es muss alles immer so aussehen, als wäre sie nicht da. Als würde ein Gespenst den Haushalt führen und die Kinder herumtragen.

Die Meyer ist oft krank, dann kommandiert sie Ali vom Bett aus herum. Der Meyer ist von einer herablassenden Anzüglichkeit, Ali ist einsam, lernt diese Sprache nur langsam, jeden Freitagabend geht sie in den Englischunterricht.

Der Winter ist lang. Johann fehlt, die Gespräche. Irgendjemand meinetwegen, zum Reden. Ali vermisst ihre Mutter, ihre Sprache.

Wenn sie allein ist, singt sie Lumpenlieder, die sie Jahre zuvor von den Soldaten im Riet gelernt hat. Die Lieder klingen so falsch wie damals, weil auch Ali die Töne nicht recht trifft.

Die Arbeit als Hausmädchen ist eintönig. Gerade so, als wenn sie selber schon Mutter und Hausfrau wäre, denkt Ali, auch nicht gerade einfallsreich, plötzlich drei Kinder am Hals haben, Bälger, verwöhnte, schreiende. Abends, wenn alles andere erledigt ist, kocht sie die medizinischen Gerätschaften aus und kriegt Gänsehaut dabei.

In jeder freien Minute geht Ali nach draußen, streift durch die Eton Avenue. Sie gibt sich Mühe so zu tun, als würde sie alles kennen, als wüsste sie, was hinter der nächsten Ecke ist. Versucht, das Erstaunen und die Neugier zu verstecken. Sieht sich die Leute an, beobachtet unauffällig, wie sie sich bewegen, wie sie gehen und stehenbleiben. Versucht, auszusehen wie sie, nicht aufzufallen, in der Menge unterzugehen, aber es will nicht recht klappen. Außerdem sieht hier sogar Alis Sonntagskleid nach Bauernhof aus und dazu dieser alte Zopf. Die Haare sind viel zu lang, Ali sollte sich endlich einen Besuch beim Friseur leisten.

Eingeständnisse werden wir nicht zulassen

Lena fragt, ob ich zu Alis Wohnung fahren kann. Sie hat Glück, heißt es, denn sie bekommt tatsächlich so kurzfristig einen Platz in dieser Altersheimwohnung, wo nur zwölf Leute wohnen, kann aus dem Krankenhaus dahin wechseln, wenn es ihr wieder gut genug geht. Die im Heim wollen aber so bald wie möglich die Kleider, damit sie die Namensetiketten einnähen können. Mir läuft ein Schauer über den Rücken. Ali in etikettierten Kleidern, angeschrieben, als würde man sie nicht erkennen, die Vorstellung ist unerträglich, Ali in einem Altersheim. Ali hat die bestduftende Wäsche der Welt, wie soll das gehen, wenn ihre Kleider dann von irgendwem gewaschen werden? In einer Altersheimwäscherei. Machst du es also, fragt Lena, du hast ja Zeit.

Na danke.

Ich allein in Alis Wohnung, ich trödle herum. Aus der Tiefkühltruhe nehme ich ein Brot und backe es auf. Dann erst fällt mir ein, dass niemand außer Ali den Tiefkühler anfassen darf, weil er alt und sie überzeugt ist, dass er äußerst diffizil sei und nur durch ihre aufmerksame Fürsorge so lange durchgehalten habe. Darum tätschelt sie ihn auch nach jeder Interaktion und sagt dazu brava brava. Ich untersuche den Inhalt des Kühlschranks, werfe einen abgelaufenen Quark in den Mülleimer und ein Paar Würstchen ins heiße Wasser, obwohl ich schon seit Jahren kein Fleisch mehr esse. Dann öffne ich das Buffet im Wohnzimmer, um den Sonntagsgeruch zu riechen. Ziehe die Gardinen auf und zu. Öffne alles, was geöffnet werden kann. Finde das Buch mit den Zeichnungen, blättere es durch. Mache den CD-Player an, *something stupid*, und dann gleich wieder aus. Ich setze mich vor den Fernseher und esse Würstchen mit Senf und Meerrettich. Ich spiele „Bei-Ali-sein", aber es funktioniert nicht. Ali ist nicht da.

Nach ein paar Stunden auf der Couch rapple ich mich auf und gehe ins Schlafzimmer. Es fühlt sich an, als würde ich eine Grenze überschreiten, die nicht überschritten werden darf. Nur Ali öffnet diesen Schrank. Ich öffne den Schrank. Ich öffne ihn für Ali, sage ich. Dann rupfe ich wahllos Kleider aus den säuberlich gefalteten Stapeln. Ich weiß ja gar nicht, was sie will, wie soll ich für sie auslesen?

Ich beginne mit der Unterwäsche, weil ich glaube, es sei einfacher, aber wie viel muss ich nehmen und welche wohl. Die, welche ganz neu aussehen? Vielleicht sind die unbequem und darum ungebraucht. Es sind Fragen, die ich mir noch nie gestellt habe. Ich nehme von allem etwas. Bei den Kleidern ist es schwieriger, welche wird Ali benötigen? Braucht sie überhaupt noch alle Arten von Kleidern? Die Frage tut weh. Nachthemden braucht sie bestimmt. Pullis auch, aber wird Ali je wieder eine Bluse oder eine richtige Hose anziehen? Wird sie wieder spazieren können, oder ihre Freunde besuchen? Tun es Leggins und Pyjamahosen? Es ist, als würde ich um Alis Zukunft pokern, als hätte ich Einfluss darauf. Ich darf nichts verspielen. Ich rufe Ivan an. Das ist wohl eher deine Auseinandersetzung und nicht Alis, sagt er.

Schöne Hilfe, tschüss.

Ich beginne Kleider in zwei große Taschen zu stopfen, es kommt nicht darauf an, was, sage ich mir.

Und dann: Natürlich reichen die Kuschelklamotten nicht, was für eine dumme Idee. Natürlich ist es unbedingt nötig, dass sich Ali weiterhin schön anziehen kann, gerade sie, die immer darauf beharrt, dass man sich anständig anzieht, wie sie es ausdrückt.

Natürlich braucht sie Hosen und Blusen, braucht Strümpfe, Schuhe, Kappen, Hüte. Alles andere wäre ein Eingeständnis. Und Eingeständnisse werden wir nicht zulassen.

Kristin Höller

Hier ist es schöner als überall
(Auszug)

Die Kleinstadt als Sehnsuchtsort. Die Familie nicht als Hölle, sondern als Ort der Entschleunigung. Ein Roadtrip, der die jungen Helden nicht hinaus in die Welt führt, an der sie sich die Stirnen wundreiben, sondern zurück nach Hause, das eine paradiesische Aufladung erfährt. So eröffnet dieser Roman einen Erzählkosmos, dessen Figuren warmherzig und mit inszenierter Unmittelbarkeit geschildert werden. Jakob, in einer Reihenhaussiedlung aufgewachsen, und sein guter Freund Noah aus dem glänzenden Architektenhaus auf dem Hügel, der als Filmsternchen Karrierre macht, haben ein wildes Jahr in München verbracht, als Noah im Taumel einer nächtlichen Party den Bronzespeer von der Statue der Athene bricht. Die Angst vor Entdeckung führt zu einer überstürzten Flucht, die mit dem Versenken des Speers in der Kiesgrube des Heimatortes endet. Wo doch alles erst beginnt. Wie der Speer die Wasseroberfläche, so durchbricht dieses zunächst folgenlose Ereignis den jugendlich-unbeschwerten Erfahrungshorizont. Der Text entwickelt ein feines Gespür für die unsichtbaren Beben in der psychischen Tektonik und zeichnet die Erschütterungen in der Textur einer empfindsamen Freundschaft nach, die, wie könnte es anders sein, gefährdet wird von den menschlichen Abgründen, der inneren Not. Denn: Was am Grund liegt, taucht mit Sicherheit wieder auf.

Unten vor der Tür steht ein Transporter. Der Speer muss weg, sagt Noah, er muss weg, steig ein, los steig ein! Ich sage, gut, ist ja gut, wir machen das, entspann dich, und Noah hastet hinters Lenkrad. Unsere Türen knallen zeitgleich, der Motor ist so laut in der Nacht. Noah wendet, er blinkt, er gibt Gas, er atmet zu laut. Ich weiß nicht, was tun bei so viel Aufregung, und darum sage ich erst nichts, bis sich alles beruhigt hat, halbwegs. Noahs Finger umschließen den Schaltknüppel, als wäre er ein Schatz, eine Goldkugel, die er nie mehr aus der Hand geben darf.

Dann die Autobahn. Ich denke an den Speer im Laderaum, wie er da liegt hinter uns, schwer und glänzend und mit der scharfen Kante vorne, an dem sich Noah letzte Nacht die Hand blutig gerissen hat. Nicht schlimm, hat er gesagt, ich komm schon klar, sagt er, aber das stimmt nicht. Noah kommt nicht klar, gerade und gestern Nacht nicht und eigentlich auch den ganzen langen Tag heute. Noah hat Flecken unter den Armen und eine fettglänzende Stirn, er sieht schlecht aus und ungewohnt.

Dabei ist das alles gar nicht so schlimm, ehrlich, ich würde sogar behaupten, all das hier ist eine Überreaktion, eine einzige lächerliche Übertreibung, weil Noah langweilig geworden ist und er etwas Drama braucht. Weil eine Zeitlang so viel passiert ist in seinem Leben und jetzt nicht mehr, und damit muss man sich eben auch erst mal abfinden.

Ich habe meine Jacke vergessen, sage ich, weil es stimmt. Ich habe ja kaum Zeit zum Packen gehabt, eben, als Noah geklingelt hat um kurz nach zwölf und gesagt, das mit dem Speer müsse jetzt ganz schnell gehen und darum auch das Auto. Da habe ich nur das Nötigste genommen, also Handy, Geld, eine Packung *NicNacs* und sonst nichts, weil mir nie einfällt, was mir wichtig ist, wenn es darauf ankommt. Und da habe ich die Jacke vergessen, aber das ist egal, denn es ist ja warm und es wird warm bleiben die nächsten Stunden; es ist eine Sommernacht, schließlich.

Als wir auf die Autobahn auffahren, frage ich Noah, wo er hinwill. Er sagt, dass ihm das egal ist, wohin, ganz egal, Hauptsache niemand sieht diesen verfickten Speer je wieder, am besten irgendwo versenken, vergraben, verbrennen. Verbrennen geht nicht, sage ich, das ist ja Bronze, weißt du, das würde nur heiß werden. Ja, sagt er, das weiß ich auch, sagt er, war nur ein Scherz. Er sieht nicht so sehr aus, als sei ihm nach Scherzen gerade, aber das ist nicht neu in letzter Zeit. Ich weiß noch, dass das anders war, früher, als wir Kinder waren und zusammen mit den Kaulquappen in den Pfützen gespielt haben, oder auch noch vor ein paar Monaten, als noch alles gut lief bei ihm und das Geld auf ihn eingeprasselt ist wie billige Bonbons auf Karnevalsumzügen, wie damals, wie dort, wo wir herkommen.

Ich frage, ob nicht hundert Kilometer reichen, ich meine hundert Kilometer, wer soll denn danach suchen, das ist doch letzten Endes auch irgendwie nur Altmetall, wenn man es mal so sieht, oder, aber Noah schüttelt nur den Kopf und sagt, er muss ganz, ganz sichergehen, denn wenn das rauskommt, dann ist er im Arsch, komplett im Arsch, also wirklich, hundert Prozent. Ich sage, ich weiß ja nicht, aber so schlimm wird es schon nicht ... aber dann wird Noah richtig wild und brüllt, dass ich davon doch keine Ahnung hätte und jetzt bitte einfach nur den Mund halten soll, und das tue ich, weil er recht hat, womöglich, und mein Kopf plötzlich so schwer wird, dass ich ihn anlehnen muss, unbedingt.

Ich schließe die Augen und denke an gestern Nacht. Ich denke an die Party, ich denke an die Gratislongdrinks und an das Stäbchenparkett. Stäbchenparkett ist teuer, aber Stäbchenparkett in München, das ist quasi wie ein Diamantencollier, auf dem man jeden Tag herumspaziert, also einfach ehrlich unbezahlbar. Ich denke an die schlichten, schicken Stehleuchten und die schicken Frauen darunter und an das Prickeln in den Gläsern, die sie mit ihren langgegliederten Fingern umschlingen. Ich kenne solche Leute nicht, aber Noah kennt sie, seit der Rolle vor zwei Jahren, seiner allerersten, ein Jungtalent. Am Anfang hatte er nichts, nur einen unterschriebenen Vertrag, und dann kam der Film in die Kinos, kein guter Film,

lustig zwar, aber mit zu viel Plastik und Verwechslungen und Menschen, die rückwärts in Swimmingpools fallen. Es ist aber so, dass das ziemlich vielen Menschen gefällt, mir nicht, und Noah eigentlich auch nicht, aber dafür so etwa 6,4 Millionen anderen oder noch mehr, die dafür in den Kinos waren, und plötzlich war Noah berühmt.

Das war neu für ihn, aber überrascht war er nicht, denn er hatte es heimlich immer gewusst, er, seine Eltern, die ganze Reihenhaussiedlung zu Hause, alle haben es gewusst, seit er klein ist. Dann kamen die Preise und die roten Teppiche, die eigentlich nur aussehen wie Badvorleger, wenn man nah genug dran ist, dann kamen die Partys und die schönen Mädchen und dann kam erst mal nichts mehr.

Es sind jetzt nur noch stellvertretende Menschen und Assistenten, die ihn einladen, immer noch gute Leute, ehrlich, immer noch alles ganz toll glänzend und angestrahlt, aber eben nicht mehr so wichtig wie am Anfang, als er neu war und ganz und gar unbeschrieben. So ist das eben, sage ich zu ihm, obwohl ich doch eigentlich auch nicht weiß, wie es ist, und vor

Kristin Höller

allem nicht, wie es sein soll. Und dann war da dieses Gespräch letzte Woche und irgendein Direktor, der ihm gesagt hat, ja, danke, aber sein Gesicht, das sei einfach zu verbraucht für die Rolle, da musste man immer denken an ...

Und gestern Abend stand er da im Sommerhemd, mit gekrempelten Ärmeln, hochgeschoben, dass die Armhaare abstanden, ein bisschen, und dachte an früher und wurde ganz unglücklich. Ich sehe das an seinem Kopf, was er denkt, wirklich, ich muss nur von außen draufsehen und weiß, was drin passiert. Jakob, sagt er dann immer und zwinkert mit den Augen wie ein Junge, Jakob, schau mich nicht so an, ich will das für mich behalten. Ich würde es ihm gern lassen, ich würde ihm gern die Gedanken lassen, aber er ist so schrecklich leicht zu durchschauen, leider. Und wie er da so stand, mit seinem Glas Wein in der Hand, die dritte Person in einem Zweiergespräch, da hab ich gesehen, dass er wieder fürchtet, das könnte es schon gewesen sein, für immer und ewig gewesen sein, und eine Angst überkam ihn und gleichzeitig eine Wut, dass man sich auf etwas einstellen konnte. Ich hab ihm dann gesagt, dass jeder diese Angst hat, jeder hier, auch ich, vor allem ich, und bei mir, da ist noch nicht mal etwas passiert, und darum dürfte ich in dieser Rechnung ja wohl richtig Angst haben und nicht er, aber das hört er nicht in solchen Momenten.

Er macht dann immer etwas Unüberlegtes. Gestern Abend hat er Wein getrunken, ein paar Gläser und dann noch ein paar, obwohl er gar keinen Rotwein mag, ich weiß das. Ich weiß, dass er auf seine Zunge beißt, hinten rechts, wenn er Rotwein trinken muss, nicht fest, nur ein bisschen einklemmen, dann ist die Säure leichter zu ertragen. Vor ein, zwei Jahren hat er immer noch abgelehnt, wenn ihm etwas angeboten wurde, das er nicht mochte, aber jetzt will er nicht unangenehm auffallen, nicht auch das noch. Gestern Abend also waren das ziemlich viele Gläser, seine Zunge muss sich taub angefühlt haben, oder vielleicht hat er sich sogar im Ganzen taub gefühlt, am ganzen Körper, aber er war lustig dabei und bald scharten sich ein paar junge, gut angezogene Menschen um ihn und lachten mit breiten Mündern und sogar mit den Augen. Noah ist gut in solchen Runden, er redet und zwirbelt das Glas in seiner Hand und spielt Gespräche nach, die er nie erlebt hat, aber das weiß ja niemand außer mir.

Und dann hat Noah plötzlich geschrien, Taxi, Taxi, und dabei mit seinen Armen umhergefuchtelt, als wäre er ein Kind und jetzt endlich Schulferien, und es ging etwas durch die Menschen, wie Elektrik, und sie riefen auch: Taxi, ja, los. Ich habe Noah gefragt, wo er denn hinwill heute Abend noch, und er hat nur noch lauter geschrien in mein Gesicht, die Mundwinkel rot von Wein und aufgedreht, ganz aufgedreht, und ist rausgestürmt und zehn Leute hinter ihm her. Noah hat zwei Großraumtaxis bestellt und wir sind eingestiegen und gefahren, immer weiter gefahren durch die Nacht, bis Noah plötzlich halt geschrien hat, halt! Stehenbleiben, hier. Das war der Königsplatz, groß und leer und schwarz und wir sind alle raus und standen da und es war so eine Weite, das einem ganz schwindelig werden musste. Dann ist Noah losgerannt, durch die getrimmten Rasenflächen und immer auf die Athene zu, auf die große, bronzene Athene auf dem Sockel, die da so eisern stand. Wer zuerst oben ist, hat er gerufen, und ich habe noch gedacht, was meint er nur damit, wo denn oben, wo denn, aber da sind alle schon gerannt wie völlig, absolut völlig von Sinnen und ich dann hinterher. Wie wir da so gelaufen sind über das weite Feld, mitten in der Nacht, mitten in der Stadt, da hab ich wieder gespürt, warum es Noah geschafft hat bis hierher, und warum alle das wussten, immer schon. Wenn Noah rennt, dann rennen sie ihm hinterher, folgen ihm überall hin, weil er so einladend läuft und so charmant ausschaut dabei und weil er einfach in den Köpfen herumzündelt, bis alle voller Feuer sind für ihn, obwohl er nicht mal ihre Namen kennt.

Das sind drei Meter, hab ich gesagt, als wir unter dem Sockel standen, mindestens, also mindestens zweieinhalb, komm doch da runter, bitte. Aber Noah wollte nicht und stand schon auf dem Sockel oben und die Mädchen klatschten ihre feinen Hände aneinander und lachten und setzten Weinflaschen an die schönen Münder. Ich habe Angst gehabt um Noah, keine richtige Angst, eher eine Sorge, berechtigt, denn es war hoch dort oben und er war betrunken, aber ich habe nichts mehr gesagt, ich meine, er ist erwachsen und berühmt und er muss das alles selbst wissen. Und dann wollte er noch weiter hoch plötzlich, wollte auf die Statue, weil alle so geschrien haben und ihn angefeuert, und er hat sich am Speer festgehalten, den Athene in der linken Hand hält, und seine Füße an den Statuenbauch gestemmt, und dann ist es passiert.

Er ist einfach abgebrochen, der Speer, gleich oben an ihrer Hand, und Noah ist vom Sockel gefallen wie ein Tier, wie ein Käfer auf den Rücken. Er hat dagelegen im Schotter, den Bronzestab neben sich, und hat ganz gepresst geklungen. Ich bin hin zu ihm und auf die Knie, aber er hat gesagt, dass alles in Ordnung ist, wirklich, das geht schon, und dann ist er aufgesprungen und hat die Arme hochgerissen wie bei der Tour de France. Es ist, hat er gerufen, es ist alles in Ordnung! Und die Mädchen haben gejubelt und sind herumgehüpft und alle waren ausgelassen. Ich hab gesehen, dass er Schmerzen hat, hinten an der Schulter, auch wenn er das nicht gezeigt hat, aber er hat sein Schultergelenk immer so nach hinten gekugelt, heimlich. Noah hat sich das nicht anmerken lassen, sondern einfach die Spitze des Speeres angehoben und sich auch noch geschnitten dabei an der scharfen Kante, da war Blut an seiner Hand. Das haben auch die anderen gesehen und plötzlich haben alle mitgehalten, obwohl er so schwer doch gar nicht sein konnte. Ich war betrunken, ein bisschen, aber ich weiß, dass ich nach oben geschaut habe in diesem Moment und die Speerspitze gesehen habe, wie sie traurig aus Athenes Hand herauslugte, und ich habe da schon gedacht, dass das wirklich ganz bestimmt Ärger gibt, aber ich wollte nichts sagen, weil Noah gerade einen Lauf hatte. Sie haben den Speer über den ganzen Platz getragen, alle hielten sie sich dran fest; die Mädchen platzierten ihre Hände auf der Bronze und trippelten nebenher, dass es aussah wie an einer Ballettstange.

Ich bin hinterhergegangen, ich bin dem Speer gefolgt und allein über den warmen Königsplatz gelaufen, und als ich mich an den Boden gewöhnt habe, an die Steine, an das Gras, da sind Fassaden gekommen von links und rechts und haben alles ganz eng gemacht und wir waren wieder in den Straßen. Ich hatte keine Ahnung, wo die hinwollten, erst, aber dann hat Noah einen Chor aus ihnen gemacht und sie riefen: Tanzen, tanzen, immer im Rhythmus ihrer Schritte. Es gibt dort einen Club, in den wir manchmal gehen, nur ein paar Meter von hier, und den haben sie angesteuert, im Gleichgang, wie eine sehr entschlossene, riesige Raupe. Ich wusste, dass das nicht gut ist, denn da waren ja noch Menschen überall und ein paar davon kannten sicher Noahs Gesicht, aus dem Kino oder aus der Gala oder von Plakaten wenigstens, und wenn man das genau nimmt, dann war das ja schon so etwas wie Diebstahl, wenn auch aus Versehen, ganz aus Versehen.

Viel ist dann nicht mehr passiert, eigentlich. Wir haben uns angestellt in die Schlange, sie ist nicht sehr lang gewesen und bald war da der Türsteher, der gesagt hat, nein, also, ihr glaubt doch nicht ernsthaft, nicht mit diesem Teil, ich will nicht wissen, wo ihr das, schönen Abend noch. Und dann standen wir da wieder draußen mit dem riesigen Ding, das so lang war und sperrig, und wussten nicht, wohin damit, und dann hat Noah gesagt, scheiß drauf, wir bringen das jetzt zu mir, das ist unsere Trophäe, das ist unsere Nacht, und die andern fanden das gut, natürlich.

Noah wohnt nicht weit von dort im zweiten Stock in einer Wohnung mit Holzdielen und sogar Kunst an den Wänden, seit kurzem. Wir haben den Speer hochgetragen, das war nicht ganz leicht in den Ecken, und dann haben wir ihn in Noahs Flur gelegt, vorsichtig, alles kein Problem. Die anderen sind gegangen, ich bin dortgeblieben, kurz, und habe mit Noah eine Maß Wasser getrunken. Das machen wir manchmal, wenn wir nachts heimkommen, auch wenn wir glauben, dass nichts mehr reinpasst in unsere Bäuche. Wir denken an den Kater am nächsten Tag und trinken alles in einem Schluck, den ganzen Liter, und dabei schauen wir uns an, damit der andere nicht aufgibt.

Dann bin ich heimgefahren und habe mich hingelegt und als ich nachmittags wieder wach wurde, da hatte ich so viele verpasste Anrufe und Nachrichten wie lange nicht mehr, alle von Noah.

Er hat sich den Speer noch mal angeschaut, morgens, und der hat ganz schon wertig ausgesehen im Hellen. Und die Athene, wenn man sie googelt, sei viel größer als letzte Nacht und alles. Dann war es nachmittags und es kamen die ersten Meldungen, nichts ganz Schreckliches, aber immerhin eine Stellungnahme von der Antikensammlung, mit einem Foto des Direktors, wie er mit erzürntem Finger auf die einsame Speerspitze zeigt. Und von der Polizei eine Meldung, und eine kurze Nachricht online von der *Münchner Abendzeitung*, in der etwas von mehreren zehntausend Euro Schaden stand und professionellen Metalldieben, und da hat Noah langsam Panik bekommen. Er hat an den Türsteher von gestern gedacht und an die Menschen auf den Straßen, die vielleicht heute an ihn gedacht haben, als sie die Meldung gelesen haben. Und dass er seine Karriere vergessen kann, wenn das rauskommt, dass das sein Ende sein könnte, ein Teeniestar, der abrutscht und kriminell wird. Ich habe Noah recht gegeben, und dass das ein Problem ist, schon, aber dass wir da sicher etwas finden würden. Ich habe gesagt, dass wir den Speer in den Wald bringen könnten, oder ins Wasser werfen, in den Eisbach oder meinetwegen bis nach Starnberg, das würde doch niemand mitkriegen, und so im Wasser, da wären die Fingerabdrücke auch kein Problem mehr. Aber Noah hat gesagt, nein, der muss ganz weg, den darf nie wieder jemand sehen, nie mehr.

Und dann hat mich Noah noch mal angerufen, eben, kurz nach Mitternacht, und ich war schon fast im Schlafanzug, und er hat geflüstert am Telefon und gesagt, dass ich runterkommen soll, wir müssten das jetzt erledigen, los, komm, schnell. Ich habe gefragt, warum er flüstert, aber er hat nochmal geflüstert als Antwort, und zwar, dass ich verdammt noch mal die Fresse halten soll und nicht solche Fragen stellen und einfach runterkommen, sofort. Ich bin also runter und da stand er, mit wippenden Fersen. Er hat gesagt, dass ich einsteigen soll, und das bin ich, und nun sitze ich hier, neben Noah, nachts auf der Autobahn mit geschlossenen Augen, schläfrig und halbwach dabei.

Ich mache die Augen wieder auf und fühle mich fremd. Ich weiß nicht, wie spät es ist, aber ich habe das Gefühl, das diffuse Gefühl, dass ich nicht nur nachgedacht, sondern auch ein bisschen geschlafen habe. Noah neben mir fährt immer noch, was sonst, fährt auf der linken Spur und sieht dabei selbst aus wie eine Statue, seine rechte Hand ist verbunden mit einer Mullbinde. Ich schaue aus dem Fenster, ich sehe nichts, fast nichts. Nur die Leitplanke und die weißen Linien, die rechts und links neben uns herfahren, und die kleinen Pöller, die sagen, wie viel fünfzig Meter sind, damit man es nicht vergisst. Dann kommt ein Schild. Auf dem Schild steht Ulm. Ulm, sage ich, was wollen wir denn da, und Noah sagt, weiß nicht, wir fahren weiter. Ich lehne mich zurück und denke gar nichts mehr, also, eigentlich denke ich, soll er doch, dann fahren wir eben sonst wohin und noch weiter. Und das machen wir, wir reden nicht und ich frage auch nicht, wie der Speer in den Transporter gekommen ist, ich stelle mir Noah vor im Treppenhaus, nachts im Dunkeln, wie er ihn runtergetragen hat, alleine. Auf den Schildern steht Ulm und Stuttgart und Mannheim und irgendwann Koblenz und ich habe so ein Gefühl, langsam, ein Gefühl für die Strecke und wo sie hinführen könnte.

Hinter Mannheim wird es hell und die Farben hinten am Himmel sind kräftig und so voll, dass ich fast weinen muss bei dem Gedanken, dass das vielleicht jeden Morgen so aussieht und wir es bloß verschlafen, immer, aber ich bin zu müde. Ich öffne die Packung *NicNacs* und schütte ein paar in meine Hand, Noah schaltet das Radio ein, erst Rauschen, dann Schlager, natürlich, und über uns die rosa Wolken. Wir sind einfach weggefahren, sagt er. Ja, sage ich, scheiß doch auf die Stadt, und er sagt, scheiß drauf, und uns ist alles egal jetzt, alles, was hiergegenspricht und was uns sagt, dass das ein riesiger, riesengroßer Unsinn ist. Wir fahren sechshundert Kilometer ohne Pause, in einem gemieteten Transporter ohne Gepäck, ohne Jacke, nur wir beide auf der leeren Autobahn und hinter uns der Bronzespeer wie ein Pokal auf der Ladefläche. Es ist sechs Uhr morgens, es ist schon ganz warm, Noah öffnet die Seitenfenster, bis die Trommelfelle im Wind flattern wie Strandlaken, ich drehe den Schlager laut und so fahren wir die letzten Kilometer nach Hause.

Sophia Klink

Luftunterfläche

Wie Wissenschaft sich für die Literatur fruchtbar machen lässt, untersucht dieser Roman. Der selbstbewusste, risikofreudige Andreas und der empfindsame, zurückhaltende Benjamin sind Brüder, aufgewachsen in einem Wissenschaftlerhaushalt. Und sie sind die beiden Fixsterne in Meuras Universum an der Schwelle zum Erwachsenwerden. Von Andreas draufgängerischen Experimenten in seinem Labor unterm Dach der WG ist Meura ebenso fasziniert wie von Benjamins Botanikkenntnissen. Anhand dieser Dreierkonstellation wird sensibel ein Frühlingserwachen in einer Zeit der Verdinglichung der Gefühle durchgespielt. In einer Gegenwart, die – bar allen Geheimnisses – die Einzigartigkeit des Menschen in nichts als einem Faden DNA verortet, hergestellt aus Spülmittel, Schnaps und Spucke, zerfallen auch romantische Regungen unterm Mikroskop. So findet das Aufeinanderzu der drei Protagonisten vor dem Hintergrund einer nüchternen Laborsituation statt, ein Experiment mit offenem Ausgang, in dessen Folge sich Meura verändern wird. Aber in der Sprache kehrt das Geheimnis zurück. Dieses Erzählen ist auch eine Untersuchung des poetischen Potentials, das in der biologischen Fachterminologie steckt. So wird der Roman nicht zuletzt zu einem sprachlichen Laboratorium. Denn: Jedes wissenschaftliche Ergebnis ist immer auch seine Interpretation.

Wir kommen keimfrei zur Welt, sagt der Professor, sind also lebensfähig ohne Bakterien, aber nicht lange. Die Besiedlung beginnt sofort, bei einer Spontangeburt durch die Zellen der weiblichen Scheide, bei einem Kaiserschnitt durch Kontakt mit der Hautflora. Wir sammeln auf. Der Körper entscheidet, was er behält. Nach wenigen Tagen sind wir mehr Bakterien als Menschen, Konsortien aus mindestens vier verschiedenen Stämmen.

Meura und Andreas sitzen in der vordersten Reihe. Es ist düster. Auf dem Whiteboard schimmern Graphen und Gleichungen. Meura schreibt mit in winziger Schrift. Ihr Notizbuch hat sie mit Ackerwinde beklebt.

Andreas schreibt nicht mit. Er zieht den Deckel von einer Dose Ananas. Er holt die oberste Scheibe mit den Fingern heraus, beißt ab von dem gelben Ring. Der Saft läuft ihm übers Kinn. Der Professor tut, als würde er es nicht sehen, redet weiter: Jedes dritte Molekül in unserem Blut haben nicht wir hergestellt, sondern unsere Bakterien. Unsere Urgroßeltern hatten noch doppelt so viele Symbionten wie wir. Sie werden immer weniger mit jeder Generation.

Und wir immer kränker, sagt Andreas leise zu Meura.

Die automatischen Rollläden fahren herunter. Dunkle Streifen fallen über den Raum, bis die Jalousie ganz unten ist. Dann kippen die Lamellen zurück. Der Professor schaltet das Licht an.

Meura steht an der Laborbank und pickt Klone. Mit den größten Klonen impft sie Reinkulturen an. Die kleinen verwirft sie. Wie man Hunde züchtet mit kurzen Schnauzen oder langem Fell. Wir beschleunigen nur ein bisschen die Evolution, sagt Andreas. Vögeln sind auch nicht über Nacht Flügel gewachsen. Wir haben immerhin alle zwei Tage eine neue Generation.

Im Zimmer ist es heiß und stinkt nach Hüttenkäse. Kabel hängen von den Dachträgern, führen hinunter zu einer Insel aus Tischen, wo die Schüttler und Brutkammern stehen. Heizstäbe glühen darin. Milchige Kulturen schäumen in großen Kolben.

Auf dem Bunsenbrenner hat Benjamin Teewasser aufgesetzt. Er justiert die Luftzufuhr nach, bis die Flamme blau und hart ist. Wie er da steht, die Daumen unschlüssig in den Gürtelschlaufen, ein bisschen tänzelnd, ein bisschen den Boden anlächelnd. Er trägt einen Bündchenpullover, Fruit of the Loom, die Ärmel sorgfältig hochgekrempelt. Der Kragen sitzt sehr eng am Kehlkopf.

Er schüttet Tee aus dem Topf in drei Tassen. Ein hellgrünes Dreieck, das abreißt, weil er es zu zaghaft macht.

Du musst schneller schütten! Andreas drängt ihn mit den Ellbogen zurück, nimmt ihm den Topf aus der Hand.

Benjamin weicht sofort zurück. Entschuldige.

Sie trinken, wo keine Porzellanzähnchen abgeschlagen sind, sonst tropft es unter den Lippen durch. Sie teilen sich die letzte Scheibe Roggenbrot und Studentenfutter, das fast nur aus Rosinen besteht. Zwei Paranüssen, die Benjamin schnell in der Hand versteckt.

Der Vater trägt Handschuhe und einen weißen Kittel. Andreas sitzt daneben auf einem Hocker, die Hände unter dem Hintern, weil er nichts anfassen darf. Er ist neun und zum ersten Mal am Institut. Überall stehen Pipetten und Pufferlösungen. Vor ihnen liegen eine Fliege und ein Fadenwurm in einer Plastikschale. Sein Vater erklärt ihm, wie man ein Gen von einer Fliege ausschneidet und in einen Wurm einsetzt. CRISPR-Cas, sagt sein Vater. Andreas findet, das klingt nach Cornflakes.

Andreas liest manchmal in den Büchern, die sein Vater im Arbeitszimmer hat. Manche Gene haben lustige Namen: das Cactus-Gen, das Gurken-Gen und das Spätzle-Gen. Ob man zu einem Kaktus oder zu einem Spätzle wird, wenn das abgelesen wird? Nein, sagt sein Vater, die heißen nur so. Wissenschaftler wollen auch ihren Spaß haben.

Einmal an Weihnachten, als alle zu Hause waren, da hat sein Vater in der Küche gesagt, spuckt mal in dieses Glas hier. Benjamin wollte nicht

spucken, aber Andreas schon. Dann hat sein Vater Spülmittel genommen und Schnaps vom Regal und er hat ihm ganz genau gesagt, wie viel Spülmittel und Schnaps er abmessen soll, wie kräftig umrühren und warten. Und am Schluss haben sie einen milchigen Faden DNA gehabt.

Über seinem Bett hängt ein großes Plakat wie ein U-Bahnnetz. Das war eines seiner Geschenke. Sein Vater sagt, das wären Metabolismen, zeigt auf einen Kreislauf ganz in der Mitte: der Zitronensäurezyklus. Das ist, warum du Sauerstoff und Wasser brauchst, ohne diese Zyklen und Kaskaden würdest du nicht leben. Wir sind wie Computer. Die Einser und Nuller stehen nur auf einer spiraligen Säurekette, sagt sein Vater. Der milchige Faden an Weihnachten, das war deine Bauanleitung.

Wenn ich mal sterbe, kommt meine Bauanleitung in den Himmel, hat Andreas später zu Oma Ingrid gesagt, und aus mir könnte wieder genau ich werden, die Information zu mir gibt es ja noch. Oder meine Bauanleitung wird zerrissen und wieder zusammengebaut zu neuen Lebewesen, Menschen und Blaualgen und Staphylokokken unten in der Erde, weil der Himmel ja eigentlich die Erde ist.

Da hat Ingrid gelacht.

Sophia Klink

Was ist das? Ein Bunsenbrenner, sagt sein Vater. Den braucht man, um sauber zu arbeiten. Du musst mit den Gefäßen immer ganz nah an der Flamme bleiben, sonst hast du am Schluss Staub und Sporen aus der Luft in deinen Kulturen.

Andreas darf den Gashahn aufdrehen und den Bunsenbrenner anzünden. Unten sind Löcher wie bei einem Grill, die man auf- und zudrehen kann, dann wird die Flamme blau und hart oder gelb und weich.

Später, als sie ins Auto steigen, sagt Andreas, er müsse nochmal aufs Klo. Ja, aber beeil dich. Andreas läuft nach drinnen, durch die schwere Schwingtür in den S1-Bereich. Das vorderste Labor ist leer. Er nimmt einen der Bunsenbrenner weiter hinten, zieht am Schlauch, bis er abgeht. Er steckt sich den Bunsenbrenner in die Jackentasche, darüber die Mütze. Dann läuft er zurück zum Auto.

Einmal müssen Andreas und Benjamin mit ihrem Vater auf eine Konferenz. Sie dürfen in einem Hotel mit vier Sternen übernachten. In der Lobby hängen Kristalllüster und Blumenvasen mit Riesenamaryllis. Durch das Fenster können sie Wolkenkratzer sehen, eine Bucht mit gelben Ladekränen und einen Tempel mit geschwungenem Dach. Die Kopfkissen sind spitz. Ein Sesamtäfelchen liegt auf dem Nachtkästchen. Sie hüpfen auf der Matratze und schauen, was im Fernsehen kommt: Gewichtheben, Teletext, Nachrichten in einer komischen Sprache.

Mit dem Taxi fahren sie zu einem Gebäude aus Glas mit blauen Fahnen. Alle tragen orangene Schlüsselbänder. Während der Konferenz müssen sie hinten still auf zwei Stühlen sitzen. Sie dürfen nur flüstern. Wenn die Zuhörer klatschen, ruft Andreas: Quacksalber! Jedes Mal ein bisschen lauter, so dass sie es fast hören. Er kichert, Benjamin macht pssscht und ist ganz fleckig im Gesicht. Verstehn die doch sowieso nicht, flüstert Andreas. Deutsch ist hier wie eine Geheimsprache.

Andreas hat die Schuhe abgestreift, die Füße auf den Stuhl gezogen. Andreas könnte den Vorträgen zuhören, er kann schon Englisch und das meiste würde er verstehen, wenn er nur wollen würde. Aber so liest er lieber *In Achtzig Tagen um die Welt*, das ist viel bessere Wissenschaft.

Benjamin hat die Hände im Schoß gefaltet. Sein Hemd ist im Koffer knittrig geworden. Wenn er tief einatmet, glättet es sich ein bisschen. Er schaut hinaus auf den Campus, wo Fächerpalmen stehen und Rhododendren. Von den meisten Sträuchern kennt er die Namen nicht. Sie haben Rispen und violette Dolden oder Scheindolden, dafür müsste er die Blütenformel überprüfen. In die Blüten sticht eine große Hummel. Die Hummel ist blau und ihr Schwanz fächert sich auf zu schillernden Federn. Benjamin will Andreas anstupsen, aber zu spät. Der Kolibri ist weg. Keiner außer Benjamin hat ihn gesehen.

In der Pause dürfen sie sich Orangensaft holen und winzige Häppchen von Silbertabletts. Ob sie auch mal Naturforscher werden wollen, fragt einer von den Anzugmännern auf Deutsch. Ja, sagt Benjamin, und Andreas: Auf meinen Konferenzen gibts dann aber größere Häppchen.

Sie beugen sich über den Tonnenrand. Taucher, die versuchen ein Boot zu erklimmen. Sie stoßen vor mit ihren Handschuhen. Oben findet Meura eine Kiste Mangos, ein Kokos-Aloe-Vera-Shampoo, von dem nur ein Stück Etikett fehlt. Sie greift in Joghurtkrusten, dreht Salate um, damit sie nicht mehr auf dem Gesicht liegen. Tomaten, die ihre Kerne ausgespuckt haben, Schokoriegel, Rotkohl im Glas, darüber Essig und Öl.

Sie heben Säcke weg, arbeiten sich vor in die tieferen Schichten. Die Nacht wird stärker durchs Licht. Ein runder Ausschnitt wie man ihn sieht durch ein Mikroskop. Andreas zieht einen Kassenzettel zwischen den Salaten heraus. Gedenklisten der Gegessenen, sagt er und lacht.

Meura meint den Schimmel zu spüren, der noch unsichtbar ist. *Penicillium roqueforti, Penicillium camemberti*. Hyphenwälder voll Sporenketten, die aufstauben, wenn man sie berührt.

Sie stopfen ihre Rucksäcke voll, bis nichts mehr reinpasst.

Meura hockt nackt in der Badewanne, schäumt sich die Haare ein mit seiner Alepposeife, die nach Ziege riecht. Ihre Haare fühlen sich stumpf an, nehmen das Shampoo nicht auf. Die Fliesen sind braun und verkalkt. Eine Wüste, in der man sich einsperren muss, um nicht vorzeitig zu fliehen. Das Handtuch hat sie auf den Klodeckel gelegt, bei dem sie Zuflucht finden wird.

Das Regenwasser kocht fast. Sie schöpft es mit einer Kelle aus dem Eimer, der vor ihr in der Wanne steht. Sie bekommt heißkalte Gänsehaut. Der Duschvorhang will ihre Haut berühren. Sie stößt ihn ab, immer wieder, klebt ihn an die Fliesen.

Willst du, dass ich deine Klamotten mitwasche?

Sie macht die Augen auf. Da ist das Schleifen eines Eimers, ein Klappern im Zahnputzbecher. Sie verpasst den Moment zu schreien: Raus hier! Zu lachen: Du Stalker! Sie kauert hinter dem Vorhang, lauscht. Dieser dumme Riegel, sie hat ihn garantiert vorgelegt.

Sie antwortet: wenns dir nichts ausmacht?

Andreas ist immer noch im Badezimmer. Sie hört, wie er Stoffe eintaucht, auswringt. Sie lässt das Wasser leise über sich laufen, über die offenen Augen. Sie stellt sich vor, wie er da auf den Fliesen kniet mit den Händen im Wasser. Nur der Vorhang ist zwischen ihnen. Wenn da ein scharfes Licht wäre, er könnte ihre Silhouette sehen und sie seine. Zwei waschende Gestalten am Bach, wo sie Leinen ausgelegt haben, um Forellen zu fangen, die sie auf Spieße stecken und an ein großes Feuer lehnen werden. Wo sie Geschichten erzählen, während sich die Dunkelheit festspannt, bis keine Bewegung mehr möglich ist. Bis sie sich verkriechen im Zelt aus Farn und Haselruten, wo sie liegen Rücken an Rücken.

Sie tastet draußen nach dem Handtuch. Sie trocknet sich ab, ohne den schützenden Raum zu verlassen, in dem es warm geworden ist. Sie atmet aus, zurrt das Handtuch so fest um ihre Brust, dass es ihr die Luft abschnürt. Sie schnürt es nochmal neu, schlägt es zu einem lockeren Knoten ein.

Kalt?, fragt er, schaut flüchtig auf, ohne sich darum zu kümmern, wie wenig sie anhat.

Sie nimmt ihre Klamotten vom Haken. Sie leert die Hosentaschen, gibt ihm ihr T-Shirt, ihre Hose. Sie will die Unterwäsche zurückbehalten, aber dann stände sie da mit BH und Slip in der Hand. Sie gibt ihm beides versteckt, eingeschlagen zwischen allem anderen.

Kannst das hier haben, sagt er und nimmt einen sorgfältig gefalteten Stapel vom Wäschekorb: Boxershorts, einen Holzfällerpullover, eine Schlafanzughose gestreift wie die Fische. Er streicht sich eine Strähne zurück mit nassen Fingern, bevor er sich wieder hinkniet.

Im Labor zieht sie sich hinter der Schranktür um. Es ist warm unter dem Stoff, der vom Waschen noch ganz hart ist. Die Sachen sind ihr nicht mal zu groß. Sie riecht plötzlich nach ihm und Ziege. Sie setzt sich auf den Rand seiner Matratze, bereit, jeden Moment aufzuspringen, während sie durch die beiden Türen sieht, wie er ihre Hosenbeine gegeneinanderscheuert, die Ärmel auswringt, die Unterhose. Wie er die Kruste aus weißlichem Auslauf knickt. Proteinplättchen an der Unterhosennaht, die sich auflösen im Wasser. Es milchig färben.

Schau dir das an! Benjamin ist in die Hocke gegangen vor einem Wiesensalbei, der in violetten Blüten steht. Die Unterlippen sind mehrlappig. Darüber wölbt sich ein Dach, als wollte es die Hummel beschützen vor Sonne und Regen. Wir sollten schon mal üben für den Fall, dass es bald keine Bestäuber mehr gibt, sagt Benjamin und steckt den Zeigefinger zwischen die Schiffchen. Ein Hebel senkt sich, tupft Spermakörner auf seinen Knöchel. Schlagbaummechanismus, sagt er. Ich möchte wetten, die Natur hat sogar das Rad vor uns erfunden. Probier mal!

Er hält Meura den gebeugten Knöchel hin. Er merkt nicht, wie sehr es sie sticht, im Begriff, sich herunterzubeugen, seinen Knöchel mit den Lippen zu berühren. Aber er führt ihn schon an den eigenen Mund und sagt: Vorzüglich.

Sie lässt sich sinken, sackt fast neben ihn auf den Kiesweg. Ihre Tasche fällt von der Schulter.

Sie steckt ihren Finger in einen Kelchschlund, lässt sich bestäuben, hüpft weiter zur nächsten Blüte. Zygomorph, sagt Benjamin wie ein Zauberspruch. Was? Nichts, nur eine Bezeichnung für Blütensymmetrie, wenn sie aus zwei spiegelgleichen Hälften besteht. Das Gegenteil wäre radiär. Aha, sagt Meura, während sie Nektar sammelt, den sie aussaugt aus ihren Knöchelfalten.

Meura ist eine Mauerbiene, Andreas eine Königshummel. Sie stehen in der Fußgängerzone unter dem grünen Pavillon, verteilen grüne Faltblätter: to bee or not to bee. Die Masken sitzen hoch auf ihren Mützen, die laminierten Antennen fallen ihnen ins Gesicht. Jemand hat vergessen, Augenlöcher hineinzuschneiden. Meura tritt von einem Fuß auf den anderen, krümmt die tauben Zehen in den Schuhen. Andreas redet. Papagena redet: zwei Drittel aller Obst- und Gemüsesorten, Thiamethoxam, Agrarwende, Nisthilfen, 75 Prozent der Arten. Immer derselbe Text.

Meura redet nicht. Bienen können nicht reden.

Zwölf Unterschriften haben sie schon, die Liste mit Thermoskannen beschwert. Benjamin zählt immer wieder nach, bewacht die Liste, damit sich ja kein Name unbemerkt davonstiehlt. Benjamin streicht die Ecken glatt, die der Wind lupft, mit rot zerbissenen Händen, während er Damen Gartentipps gibt. Kompetent wie ein echter Entomologe, unsere Varroamilbe, sagt Andreas und schnalzt ihm die Maske gegen die Stirn.

Sehr lustig, sagt Benjamin. Er lacht ein bisschen mit, weil die anderen lachen.

Andreas presst den Mund gegen den Reißverschluss, den er auf- und wieder zuzieht. Er stößt vor in die Reihen der Kinderwagen und Promod-Tüten. Ohne Mücken gäbe es keine Schokolade, ohne Fledermäuse keinen Tequila! Nur um sich wieder unter das grüne Zelt zurückzuziehen.

Bei dem Wind fliegen keine Bienen.

Meura zieht die Maske über die Augen. Unter dem Papier ist es warm und braun. Sie sieht nur unten einen verschwommenen Streifen Schal. Ihr Atem schlägt zurück am Papier. Sie geht los, rempelt hinein in den Strom, immer schneller. Einkaufstüten geraten zwischen ihre Beine. Hey, was soll das?! Sag mal, spinnst du?! Sie stolpert. Sie fällt. Jemand tritt gegen ihren Nacken, steigt auf ihre Kapuze, die Maxillen, die Watte am Bauch. Sie krümmt sich zur Seite, hält schützend die Arme vors Gesicht. Sie denkt an die Zimtsterne, die sie mit ihrem Papa gebacken hat, als die Winter noch Winter waren, an die Maikäfer auf der Wiese, sie kommen von allen Seiten, die Tritte, sie wartet auf weitere Tritte, aber sie weichen ihr aus. Bis jemand sie auf die Beine zieht, ihr die Maske vom Gesicht schiebt. Es ist Andreas' Hand: Was machst du denn? Und Benjamin: Gehts dir gut?

Benjamin kniet auf der Terrasse. Das Hemd ist ihm aus der Hose gerutscht. Meura sieht, wie ihm der Schweiß in Rinnsalen bis zum Gürtel läuft. Vor ihm liegt eine Paranussfrucht, ein holziger Ball mit Narben und ringförmigen Verwachsungen wie eine Kokosnuss. Er hat sie am Morgen aus einem Paket gezogen: Geburtstagsgeschenk von seiner Mutter aus Costa Rica.

Paranüsse züchten, so ein Unfug, hat Andreas leise zu ihr gesagt. Plantagen anzulegen ist bis jetzt noch niemandem gelungen, so ganz ohne Agutis und Orchideenbienen, die Ökologie ist viel zu komplex. Aber soll er doch. Wahrscheinlich brauchen sie achtzig Jahre zum Keimen.

Benjamin setzt Hammer und Nagel an die Sollbruchstellen. Er klopft zaghaft, die Nuss rutscht aus unter dem Druck.

Du musst viel fester draufhauen, sagt Andreas, der auf der Gartenliege sitzt, bereit aufzuspringen und einzuschreiten. Das geht so nicht, gib her!

Lass ihn doch, sagt Meura, aber Andreas hat schon den Hammer.

O.k., probier du, sagt Benjamin. Er richtet sich erwartungsvoll auf.

Andreas klemmt sich die Frucht zwischen die Knie. Erst rutscht der Nagel ab, dann findet Andreas eine gute Stelle. Die Schale kracht unter seinen Schlägen. Splitter sprengen gegen seine Schienbeine. Andreas legt eine Samenkammer frei. Triumphierend schüttelt er die Samen auf die Fliesen. Benjamin schiebt die Samen zu einem kleinen Berg zusammen. Sie sind noch in runzliges Schutzgewebe gehüllt, schauen aus wie Bittermandeln. Benjamin bricht behutsam die Hüllen auf. Darunter kommen Nüsse zum Vorschein, stumpf und fleckig.

Im Labor übergießt Benjamin die Samen mit Kamillentee, prüft die Temperatur mit der Fingerspitze. Leg sie doch gleich in Antibiotikum, sagt Andreas, der auf dem Bett sitzt und aus der Ferne beobachtet. Es soll nur das Immunsystem anregen, sagt Benjamin, und sie können erstes Wasser ziehen. Du solltest verschiedene Versuchsreihen machen, gebeizt und ungebeizt. Aber Benjamin sagt leise: Ich will nicht experimentieren.

Sie sitzt auf dem Klodeckel in seinen gestreiften Boxershorts. Sie putzt sich die Zähne mit seiner Birkenzucker-Zahnpasta, als er reinkommt. In den Händen hält Andreas eine Orange, die er schält. Er zupft die weiße Plazenta ab, löst ein Segment. Die Saftschläuche reißen auf. Dann steckt er ihr das Orangenstück zur Zahnpasta in den Mund und geht aus dem Badezimmer.

Meura kaut und schluckt Schaum und Nährgewebe, hebt nur einen Kern auf in der Backe. Ein Embryo mit allen Organen, voll lebensfähig, der nur noch wartet in seiner Samenschale auf Wasser und Wärme. Sie will ihn ins Waschbecken spucken, aber dann schluckt sie ihn. Vielleicht macht einem Zitronenkern die Magensäure ja nichts aus.

In der Nacht wacht sie auf. Sie tappt ins Bad und übergibt sich in sauren Schwällen, so leise es geht, Saftschläuche, Schaum und Samenschale, bis nichts mehr kommt.

Sie legt sich zurück an Andreas' Seite. Was hast du?

Nichts, ich vertrage Embryonen nicht so gut wie du.

Sie liegt ganz steif am Rand, die Füße und Hände draußen auf dem Parkett. Sie zieht die Decke nur halb über sich. Sie hört, wie sich sein Atem einpendelt. Am Bauch spürt sie das Bärtierchen mit seinem abgewetzten Fell. Sie nimmt das Bärtierchen am Bein, presst es fest gegen sich, weint ein kaltes Feld auf sein Kissen.

Pasquale Virginie Rotter

Heimatmuseum

Béa erfährt sich als Unbehauste. Sie ist überall fremd. Fremd als Tochter einer Österreicherin und eines Kongolesen, fremd in der Kindheitsheimat und im Kongo, der nie zur Heimat werden wird. Die Sehnsucht nach Zugehörigkeit treibt sie um und lässt sie nach Kinshasa aufbrechen, um nach den Mitgliedern einer Familie zu suchen, die sie nicht kennt und mit der sie bisher nichts verbindet. Es ist die Familie des Vaters, der die Mutter verlassen und sich nie um Bea bemüht hat. Gegenüber der erwachsenen Tochter will er nun auftrumpfen mit patriarchal-konservativem Pathos, wofür er die Traditionen einer Kultur bemüht, die auch ihm, dem in Hamburg lebenden Migranten, nicht mehr vertraut sind. Multiperspektivisch fragt dieser groß angelegte Roman nach den Versehrtheiten des Andersseins in unserer Gesellschaft, erzählt von Alltagsrassismus, von Zuschreibungen und Gewalt und davon, wie sich die Traumata erlebter Gewalt über Generationen hinweg fort-und in die Körper der Nachkommen einschreiben. Und es gibt eine Gegenströmung, einen tröstlichen Klang, der den Text durchdringt, immer dann, wenn die Stimme einer Vorfahrin zu hören ist, die, selbst zeit-und raumlos, Bea in einer langen Ahnenreihe verortet. Denn: Heimat ist das Ferne in uns.

Trennen

Es ist einfach ätzend, dass sich deine Mutter in der Straßenbahn von dir wegsetzt und du weißt nicht einmal, warum.

Du bist ja noch klein, vielleicht vier Jahre alt. Es wird ein Gefühl hinterlassen, das dich ein Leben lang begleiten wird: Dass im Grunde der einzige Mensch, auf den du dich verlassen kannst, nur du selbst bist. Diese Vorstellung lässt mich erstarren, du blickst aus dem Fenster in die Leere, deine Augen suchen Halt zwischen den Gehsteigen Wiens und deinem Spiegelbild. Einen riesigen Lockenkopf hattest du damals und so ein süßes Gesicht. Ein schokoladensüßes, sagten sie alle, weil ja, du bist schwarz. Im Gesicht und auch sonst fast überall, außer auf den Fußsohlen und den Handflächen. Natürlich nicht schwarz wie die Farbe schwarz, sondern eher hellbraun, wie müßig diese Erklärung doch ist. Ich kann mich noch an eine Zeit erinnern, in der unsere Haut von der Obsession des weißen Mannes unberührt war. Wir hatten unsere eigenen Obsessionen mit dem Verhältnis von Natur und Kultur. Sie setzten auf Verbindung, nicht auf

Trennung, berührten nicht nur die Oberfläche, sondern den Kern. Hier in der Tram jedoch krallen sich die Wiener mit gehässigen Blicken die Ränder deiner Oberfläche, zerren sie noch ein, zwei Mal verächtlich zwischen euch hin und her und stülpen sie dann über deine Mutter. Das also, deine Haut, war der Grund für sie, sich von dir wegzusetzen. Um diesen Blicken wenigstens ein paar Minuten lang entgehen zu können.

Das mit den Handflächen, das hast du im Kindergarten gelernt, vorgelesen aus einem Weihnachtsbuch: Dass das Jesulein in der Krippe ja auch von einem kohlrabenschwarzen Weisen besucht worden ist, und zur Dankbarkeit hat das Christkind dem Gast dann die Hände und Füße weiß gemacht. Dass das ein oberflächenbesessenes Märchen ist, hat dir niemand erzählt. Und so warst du irgendwie auch stolz auf diese Auszeichnung vom Jesulein.

Ich sage dir, Friedl konnte nichts dafür. Sie hat es halt einfach nicht mehr ausgehalten, dass sie in der Straßenbahn so blöd angeschaut wird wegen dir, und sie wollte einfach nicht immer wieder als N.-Hure beschimpft werden. Obwohl nein, laut geschimpft wurde ja selten im Wien der achtziger Jahre. Eher gezischelt, im Vorbeigehen, in eure Richtung oder direkt ins Ohr, damit auch klar ist, wer gemeint ist. Sozusagen eine Sache zwischen dem Täter und dem Opfer, keine Zeugen, nur Komplizen, Schweigende, Mitläufer.

Friedl konnte wirklich nichts dafür. Sie hat halt in Paris diesen Typen kennengelernt, einen meiner Söhne, deinen Vater. Für sie war er ein junger attraktiver Wirtschaftsstudent aus Zaïre, wie die République Démocratique du Congo damals hieß. Sie fand ihn intelligent und sehr ernsthaft für sein Alter, fühlte sich gut in seiner Nähe, seine Oberfläche umarmte sie wie ein Zuhause. Und als sie dann schwanger war, hat er sich wieder seiner Doktorarbeit zugewandt. Kurz nach der Geburt hat er sogar noch mal angerufen: „Schade, dass es kein Junge geworden ist. Möchtest du nach München kommen", Friedl war völlig überfordert mit der Frage, und danach hat er sich einfach nicht mehr gemeldet. Und sie, sowieso nicht die Allerfröhlichste, geht mit dir zurück nach Wien. Dann steht da ihr Bruder und starrt am Kinderwagen vorbei, ihre Schwägerin schlägt die Hände über dem Kopf zusammen. Alle stehen sie da und fragen schweigend: „Von wem hast du dir denn Das anhängen lassen?". Ganz Wien dreht sich nach euch um und stiert euch nach. Kein Wunder, dass sie immer trauriger wird und immer dicker und dass sie immer öfter mal in die Psychiatrische muss auf der Baumgartner Höhe. Von Männern in weißen Kitteln zugedröhnt werden und ein schwarzes Kind daheim sitzen haben ist kein Spaß.

Ein Wunder hingegen, dass du damals überhaupt noch lachen konntest. Du warst sogar ein ausgesprochen lebensfrohes Kind. Deshalb kein Wunder, dass deine Mutter nicht noch zusätzlich auffallen wollte. Schließlich hat sie den Rassismus nicht erfunden und in Wien instinktiv verstanden, dass man ihn auch nicht provozieren sollte. Sondern sich eher ein bisschen zurücknehmen sollte. Ein bisschen unauffällig sein, ein bisschen weniger, ein bisschen leiser lachen. Weil sonst hieß es wieder, eh klar, so ein N.-Kind muss sich natürlich aufführen, als wär's im Busch. Und wenn Friedl gar nicht mehr weiterwusste, wenn deine Lust zu leben nicht nur den Rassismus zu provozieren drohte, sondern auch Friedls ganz persönliche Misere, rutschte es ihr auch mal raus: „Hör' auf so zu lachen, wir sind hier nicht im Busch." Oder auch: „Lach' nicht so laut, wir sind hier nicht im Kongo." Deshalb dachtest du ganz lange, dass bei uns im Kongo immer alle laut lachen. Deshalb hast du dir Mubinge als einen Mann in Schlaghosen und mit einem großen Afro vorgestellt, immer laut lachend. Halt so ganz anders als die zischelnden Wiener.

1

Ihren Vater hat Béa zum ersten Mal mit dreizehn getroffen. Das Regime stand kurz vor dem Zusammenbruch und es kriselte so arg im Kongo, dass seine deutsche Frau und die Kinder nach Deutschland evakuiert worden waren und er schließlich nachkam. Sie landeten in Hamburg.

Mit der deutschen Frau dürfte es erfolgreicher gewesen sein als mit Béas Mutter. Sie waren verheiratet, sie hatten vier Kinder gemeinsam, später wurden es acht, plus Béa, vielleicht noch ein Kind im Kongo, macht insgesamt also zirka zehn. Was hat der denn überhaupt gemacht außer Kinder, fragte sich Béa manchmal, vor allem wenn sie von ihm genervt war. Der Vater heißt Mubinge Nyembo und auf den Fotos, die Béa ihren Freundinnen von ihrem ersten Besuch zeigte, ist er nicht besonders groß, leicht untersetzt, trägt einen Schnurrbart und hat das gleiche spitze Kinn wie Béa. Neben ihm, dick eingepackt in Schal und Daunenjacke, Béa und ihre kleinen Brüder. Alle lachen, es sieht ziemlich idyllisch aus das Ganze.

Sie blieb vier, fünf Tage. Bei der Ankunft am Flughafen umarmte Mubinge sie so fest, dass sie fast keine Luft mehr bekam. Er klopfte ihr auf den Rücken und sagte: „Mein Töchterlein, mein Töchterlein." Da hat sie sich erstmal ein bisschen gewundert und dann ein bisschen gefreut. Anfangs hörte er noch zu, wenn sie erzählte, dass ihre Mutter dauernd an ihr rummeckert, doch schon am zweiten Abend beim Abendessen fing er selbst an, an ihr rumzumeckern. Wie sie essen soll und dass zum Hände abwischen die Servietten da sind und nicht die Zunge. Da war es erst mal vorbei mit der ersten Freude.

Mit fünfzehn fuhr sie wieder hin, diesmal für drei Wochen. Da waren ihre vielen Geschwister schon ein bisschen größer und Béa konnte sich ihre Namen besser merken. Vor allem Ilunga, der Älteste, hatte es ihr angetan. Ilunga kam gerade in die Schule und Béa war ganz schön stolz. Manchmal saß er auf dem Schoß ihres Vaters, und wenn Mubinge ihn fragte, was er mal werden möchte, wenn er groß ist, sagte er Feuerwehrmann, und Mubinge packte ihn an den Armen, gab sich entsetzt oder war wirklich entsetzt und sagte: „Was? Du wirst Président du Congo! Willst du nicht Président du Congo werden? Doch, du wirst mindestens oberster

Président du Congo." Da hätte Béa Ilunga am liebsten in den Arm genommen und ihm ins Ohr geflüstert: „Feuerwehrmann, wie toll." Sie traute sich aber nicht, denn sie hatte noch nie ein Kind in den Arm genommen, geschweige denn ihren eigenen Bruder, und Mubinge war ja schließlich auch noch da. Mit dem Rumkritisieren an ihr wurde es auch nicht besser, und er begann ihr von seinen Träumen zu erzählen. Dort war ihm gesagt worden, dass es für alle seine Nachfahren drei Regeln gäbe, und zwar, dass sie nicht rauchen darf und dass sie nicht trinken darf, aber auch, dass sie sich vor den Männern hüten soll, weil die in ihr nur die exotische Schönheit sähen und sowieso nur das eine wollten. Doch das Schlimmste, Verbot Nummer drei, sei Sex mit einem verheirateten Mann.

Da hätte ich gleich zu Hause bleiben können, dachte sie sich, was ist denn dann überhaupt erlaubt im Leben. Und tatsächlich, es machte wirklich keinen Unterschied, welche der für sie bestimmten Prophezeiungen ihrer Eltern sie sich anhörte. Sie würde sie eh alle früher oder später erfüllen, und sie fuhr wieder nach Hause. Zwei Jahre später fing sie an zu

Pasquale Virginie Rotter

63

rauchen, getrunken wurde jedes Wochenende und mit zwanzig hatte sie Sex mit einem verheirateten Mann. Ihren Vater hat sie dann fast zehn Jahre lang nicht gesehen.

Verstecken

Es kann so tröstlich sein, alte Fotos anzuschauen, stundenlang. Für nur zwanzig Minuten legte sich Friedl auf die Couch und kam dann stundenlang nicht hoch von ihrer Siesta. Zuerst döste sie, dann schlief sie. Wenn sie aufwachen sollte, kippte es. Sie dachte dann, sie sei wach, doch wenn sie sich bewegen wollte, konnte sie es nicht. Sobald sie döste, ein feines Flöten ihrer Nasenlöcher, bist du an die Biedermeierkommode mit meinem alten Schmuck und den Dokumenten geschlichen. Hast langsam die knarzende Lade aufgeschoben und die braunen abgegriffenen Kuverts mit den Fotos herausgezogen. Meine Fingerkuppen streicheln über die Rillen der Fotoränder, deine über die grauen Gesichter. Du fragtest dich noch nicht, wie das wohl alles in Farbe ausgesehen hat.

Es gab einmal die ganzen Fotos von Friedl als drei-, vierjähriges Kind, Unmengen davon. In Unterhose auf der Wiese beim Blumenpflücken. Im Kleidchen in der Stube auf ihres älteren Bruders Schoß. Nackt badend in der Blechwanne auf der Terrasse. Im Wintermantel vorm Haus beim Betrachten eines glänzenden Motorrads der Wehrmacht. Mit Haube und Besen, als würde sie den Boden schrubben. Und immer strahlt sie über das ganze Gesicht, draußen ist immer schönes klares Wetter und drinnen strahlt von irgendwoher die Sonne herein, Friedl war ein fröhliches Kind. Dann gab es ein paar wenige andere Fotos und eines mochtest du besonders gern: ein Porträt deines Großvaters. Leicht von der Seite fotografiert, am unteren Bildrand der Kragen einer Uniform zu erkennen, das Kinn leicht erhoben, ein strenger Seitenscheitel, richtet er seinen Blick in die Ferne. Die kräftige Stirn hast du ausführlich betrachtet. Auf einem weiteren Foto steht er in seiner Uniform vor dem Eiffelturm, posiert wie ein Tourist, das verschwommene Lächeln kaum erkennbar und bei jedem Mal Hinschauen noch etwas weniger. Ich sage dir, vorbei ist vorbei. Sein heikler Magen hätte die Kriegsgefangenschaft sowieso nicht überlebt, sage ich mir immer. Ich sage dir, wer einmal gegangen ist, kommt nicht wieder. Schon gar nicht, wenn er derart manisch vermisst wird. Friedl hat ihn einfach zu sehr vermisst, fast ihr ganzes Leben lang, er konnte gar nicht wiederkehren. Nicht überlebt, kommt nicht wieder.

Auch du hast dir später manchmal und dann regelmäßig vorgestellt, was gewesen wäre, wenn er nicht entschieden hätte, den Nachtzug zu nehmen, damit er noch einen Spaziergang in Paris machen kann, bevor er versetzt wird, denn wer weiß, wann er wieder nach Paris kommt. Die Mutti wäre dann ja vielleicht gar nie weggegangen aus Wien, dachtest du dir. Wäre nicht so komisch und traurig geworden. Und vielleicht, ja vielleicht wärst du dann ja nicht einmal auf der Welt. Während du dir das so vorstelltest, hattest du immer ein bisschen das Gefühl, als würdest du dich auflösen, und das war irgendwie tröstlich.

Friedl stöhnte, schreckte hoch und rang nach Luft. Rief von der Couch aus nach dir, was du machst. Du hast hastig die Fotos in das braune Kuvert geschoben, doch es ging nicht schnell genug. Friedl wuchtete sich hoch, wankte auf dich zu, riss dir die Fotos aus den Händen und verwahrte sie irgendwo, wo du sie nicht finden solltest, zwischen Dokumenten. Doch du hast sie trotzdem wieder gefunden. Irgendwie tröstlich.

2

Die Hitze legt sich auf Béas Haut wie warmes Öl. Nicht unangenehm, eher ein Gefühl von Geborgenheit, wie im Mutterleib. Fast ein bisschen wie Ankommen. Sobald sie den afrikanischen Kontinent betritt, so hatte es sich Béa vorgenommen, wollte sie sich hinknien und den Boden küssen. Doch streng genommen hätte sie das schon bei ihrem ersten Stop in Nairobi machen müssen, und hier in Ndjili, am Flughafen von Kongos Millionenhauptstadt Kinshasa, der eher einem schäbigen Provinzlandeplatz als heiligem Boden gleicht, erscheint ihr das plötzlich alles etwas übertrieben. Während sie noch unschlüssig auf den Boden starrt, sieht sie aus dem Augenwinkel drei Riesen über die flirrende Rollbahn auf sie zuschweben. Béa atmet tief ein, blickt den schwarzen Anzügen entgegen und wirft sich ihren Rucksack von einer Schulter auf die andere, lässig soll das aussehen. Der mittlere der drei streckt Béa seine Hand entgegen.
– „Mademoiselle Béa?"
Dunkle Sonnenbrillen mit Rand.
– „Sind Sie Willy?"
– „Ja. Seien Sie willkommen."

Einer der Begleiter nimmt Béa das Handgepäck ab und folgt ihr und Willy vorbei an herumlungernden Soldaten quer über die Landebahn ins Flughafengebäude und dort in die VIP-Lounge, wo ihr der andere Begleiter deutet, in eins der Ledersofas einzusinken. In den anderen Sofas hängen schon andere teuer gekleidete schwarze Menschen. Männer in dunklen Anzügen mit Sonnenbrillen und goldenen Uhren und Frauen in umfangreichen bunten Kleidern. Einige tippen auf zwei Handys herum, andere dösen in der Hitze oder blicken den Neuankömmling aus Europa betont gleichgültig an. Béa versucht diesen Blicken, die durch sie hindurchsehen, auszuweichen und sieht über den Köpfen das aufgedunsene Gesicht des Alten. „Mzee" wird er hier ehrfürchtig genannt, auf Suaheli: Der Alte. Mzee *Laurent*-Désiré Kabila war Präsident der Demokratischen Republik Kongo, bis sie ihn im Januar 2001, also ziemlich genau vor einem Jahr, erschossen haben. Offiziell war es sein Leibwächter, die Haut des Alten glänzt auf dieser überdimensionierten Porträtaufnahme, Béa befürchtet fast, dass sein

Schweiß jeden Moment an der Wand der Lounge herunterkriecht. Doch die Leute glauben, dass es die Amerikaner waren, weil der alte Kabila ihnen keine neuen Rohstoffe mehr liefern wollte. In Berlin erzählt Béa allen Leuten, die es hören wollten, dass der Kongo eines der rohstoffreichsten Länder der Erde ist, denn hier gibt es einfach alles. Auf jeden Fall denen, die nicht genau wussten, wo der Kongo liegt, und besonders denen, die vorher blöd gefragt hatten, wo Béa herkam. Gold, Diamanten, Kupfer, Erdöl, Zink, Uran, einfach alles. Und das wertvolle Edelmetall Tantalum. Sie hatte sich geschworen, ihr Handy und auch jedes andere elektronische Gerät, das sie besaß, so lange zu verwenden, bis es auseinanderfällt. Bea wollte auf keinen Fall mit schuld daran sein, dass hier seit Ende der Neunziger um die Zugänge zu den Rohstoffminen ein Krieg tobt, der mehr Menschenleben gekostet hat als jeder andere Krieg seit 1945.

Willy fordert Béa auf, seinen Begleitern ihren Pass und Flugschein zu geben, damit sie sich um ihr Gepäck kümmern können. Patrick Kitoko, Béas kongolesischer Freund aus Wien, hatte den Kontakt zu Willy hergestellt.
– „Du musst dich unbedingt vom Flughafen abholen lassen. Sonst nehmen die dich so richtig aus. Die reinsten Piranhas sind das in Ndjili. Wenn du keine Erfahrung hast, verbringst du da den ganzen Tag und hast am Ende keinen einzigen Dollar mehr."

Patricks Schulfreund Willy Ohanga ist der persönliche Sekretär vom Außenminister, also ein richtig hohes Tier. Béa überreicht ihm die Geschenke, die ihr Patrick für ihn mitgegeben hat: einen Brief und drei extrem bunte Krawatten. Als Willy unter schallendem Gelächter die halbe Belegschaft des Flughafens herbeordert, um die Krawatten zu begutachten, zuckt Béa zusammen. Sie hätte ihm ja nie solche Krawatten gekauft, und die Tatsache, dass Patrick in Wien Hernals eine Diskothek betrieb und Willy Assistenz des kongolesischen Außenministers war, hätte sie eigentlich auf die Idee kommen lassen können, dass sie sich selbst um ein Geschenk für Willy kümmert, denkt sie sich jetzt. Dann liest Willy ihr schmunzelnd den Brief vor, in dem Patrick der Regierung seine uneingeschränkte Solidarität und den ruandischen Besatzern seine erbitterte Feinschaft bekundet. Außerdem bitte er um Schutz für Béa, die Tochter eines Kongolesen aus der Provinz Katanga.
– „Dann bist du ja eine von uns, sagt Willy.
– „Ja, vermutlich."
Der Typ ist ihr unsympathisch, hohes Tier hin oder her.

Nach und nach versinken wieder alle in ihren Ledersofas. Willy sagt Béa, sie soll ihm fünfzehn Dollar für seine Dienste und die seiner Begleiter geben. Sie vermutet, dass das korrupt viel ist, doch bestimmt billiger, als wenn sie den Weg durch den Zoll allein machen würde.

Sie steigen in einen klapprigen Peugeot 504 ein.

Simone Schröder

Die Paradiesfrage
Auszug

Eine entscheidende Frage treibt dieses Erzählen an: Was ist ein gutes Leben? Es geht um das Glücksvermögen der heute 30jährigen. Das Leben einer in Wohlstand und Demokratie aufgewachsenen, mit Foucault, Facebook und dem Auslandsaufenthalt als Fixpunkt der vita vertrauten Generation der deutschen Mittelschicht wird auf seine Glückstauglichkeit hin untersucht. Die Ich-Erzählerin wechselt nach Ende ihres Studiums der Literaturwissenschaft in Deutschland an eine Londoner Universität, wo sie ihre Doktorarbeit zu einem Thema des „nature writing" schreibt. Der Erzählweise der fact-fiction folgt auch der vorliegende Text: Biografische Erfahrungen und Resultate genauer Selbstbeobachtung werden in einen historischen Bezugsrahmen gestellt, wobei die Grenzen zwischen essayistischem, dokumentarischem und literarischem Schreiben fließend sind. Besonders zwei Schicksale kommen zur Sprache: das des Großonkels, der als junger Mann nach dem Zweiten Weltkrieg ein Schiff bestieg und nach Argentinien auswanderte, und Leben und Werk Hans Keilsons, der vor den Nazis in die Niederlande fliehen musste. Das Exil, freiwillig und erzwungen, bildet den Echoraum eigener Erfahrungen. Mit feiner Ironie wird hier der allzu menschlichen Sehnsucht nach Sinnhaftigkeit nachgespürt, der Sehnsucht nach einer höheren Bedeutung im eigenen taumelnden Handeln.

In den letzten Tagen des Jahres gehe ich immer später schlafen. Die Doktorarbeit hat Pause. Ich sitze neben Robert auf dem Wohnzimmerfußboden und um uns verteilt auf dem Teppich liegen Stapel von Papier. Jeder Stapel ist ein Aufsatz. Alles hochernst. Ernster geht es kaum. Krieg. Exil. Das Unsagbare. *Wohin die Sprache nicht reicht* heißt ein Aufsatz von Hans Keilson und Hans Keilson ist der Mann in den vierzehn Stapeln Papier. Draußen knallt eine erste, einsame Rakete. Noch vier Stunden bis Mitternacht. Seit wir wieder in London sind, haben wir das Haus nur noch verlassen wenn nötig. Wir haben den Kühlschrank für Tage im Voraus gefüllt und uns in Texte vertieft, die irgendwann zu einem Buch werden sollen. Das unfertige Buch umgibt uns wie ein Kokon, der uns für einige Stunden und Tage vor den Widrigkeiten dieser Welt beschützt.

Auf einem Aufsatz irgendwo in einem der uns umzingelnden Stapel steht der Name Damion Searls. Damion Searls ist ein amerikanischer Übersetzer. In gewisser Weise ist er daran schuld, dass meine Doktorarbeit ruht und all das Papier und all die ernsten Gedanken, die darauf geschrieben wurden, in unserer Wohnung sind. In einem Antiquariat in Klagenfurt, das sich auf die Literatur des Balkans spezialisiert hat, fand Searls ein Buch, das er für ein anderes Buch hielt. Er hatte es in einer Wühlkiste vor dem Laden entdeckt und nahm es in die Hand, weil ihm der Titel bekannt vorkam. Tatsächlich hielt er es zunächst für die Vorlage zu einem Film, wie er sich später erinnerte – *Romanze in Moll* von Helmut Käutner –, doch als er im Stehen den Anfang las, merkte Searls, dass es nicht das richtige Buch war. Er entschied, es trotzdem zu kaufen. Damion Searls hatte zu diesem Zeitpunkt noch nie von seinem Autor gehört. Obwohl er wusste, dass es nicht das richtige Buch war, wusste er, dass es irgendwie doch das richtige Buch war. Das Buch war die 1947 erschienene Novelle *Komödie in Moll*, der Autor hieß Hans Keilson.

Komödie in Moll basiert im Kern auf einer wahren Geschichte. Während des Zweiten Weltkriegs starb in Holland ein Jude in seinem Versteck. Er wurde nicht von den Nazis entdeckt, sondern starb einfach so, infolge einer Lungenentzündung. Weil man den Toten nicht bestatten konnte, legte man ihn nachts in einem Park unter eine Bank. Hans Keilson erfuhr von dieser Geschichte, als er sich selbst während des Zweiten Weltkriegs vor den Nazis in Delft versteckt hielt. In seinem Tagebuch notiert er im Dezember 1944: „Auf der Straße und im Park patrouilliert die grüne Polizei. Man hört in kurzen Unterbrechungen Schießen. Menschenjagd in Delft. Seit Tagen, Wochen sind wir auf dieses Signal vorbereitet. In den Wandschrank gekrochen. Bisher war ich untergetaucht, aber ich bewegte mich wie ein Normaler auf der Straße. Jetzt werde ich richtig verschwinden müssen. Im Hause." Frankreich war zu diesem Zeitpunkt bereits befreit, Holland noch besetzt. *Komödie in Moll* spielt einige Monate vor dem Ende des Krieges, auf das man bereits hoffen konnte, das vielleicht auch schon absehbar war, aber noch nicht da. Die dem Buch vorangestellte Widmung „für Leo en Suus in Delft" schlägt eine Brücke von Keilsons eigener Erfahrung in die Welt der Fiktion, wo ein junges holländisches Ehepaar, Wim und Marie, während der Besatzung einen deutlich älteren Juden bei sich versteckt. Sie kennen ihn unter dem Namen „Nico".

Der Anfang der *Komödie* ist eigentlich ein Ende: Nico liegt bereits tot in seiner Kammer. Ein ebenfalls im Widerstand tätiger Arzt steht mit Wim und Marie im Sterbezimmer. Gemeinsam lauschen sie „auf das Geräusch der nahenden Flugzeugmotoren", ein Geräusch, als wenn „irgendwo in dem Hause ein kleiner Dynamo zu laufen begonnen hätte, der schnell auf Touren kam". In Rückblenden entfaltet Keilson die Handlung. Wir erfahren von Nicos Ankunft bei Nacht, vom ermüdend eintönigen Alltag im Versteck und den Gesprächen mit seinen Beschützern an den Abenden. Als sie einmal rauchend zusammen in der Küche sitzen, erzählt er, dass seine Eltern nicht mehr leben. „[E]in Glück für sie", sagt Wim. „Auch für mich", sagt Nico. „Was hätte ich auch tun sollen?" Nach einer Weile:

„Sie haben alte Leute verschleppt, im Viehwagen, Greise, Kranke ... keine Märchen." Vor seiner Flucht hat Nico als „Reisender in Parfümerien" gearbeitet, jetzt ist sein Bewegungsraum auf die Innenräume des Wohnhauses, oft sogar auf die wenigen Quadratmeter seines Verstecks begrenzt. Tagsüber sitzt er in seiner Kammer und lernt Vokabeln oder spielt Schach mit sich selbst. Vielleicht kann man sich den Text gerade wegen dieses gedrungenen Settings so gut als Kammerspiel auf der Bühne vorstellen. Das Haus verlässt Nico nur bei Neumond im Herbst und Winter. Dann kann er sich mit seinen gefälschten Papieren alleine auf die Straße wagen. Die einzige dauerhafte Verbindung zur Außenwelt ist ein kleines Fenster aus dem er durch einen Vorhang auf die Straße schauen kann. Das „Draußen" ist ein „aus unzähligen kleinen Vielecken zusammengesetztes Mosaik". Mit der Beschränkung des Bewegungsraums verschiebt sich die Sinneswahrnehmung. Geräusche und Gerüche werden wichtiger als das Sehen. Nico wartet auf Maries Klopfen an seiner Tür. Er achtet auf Schritte im Haus, und als er einmal verbrannte Milch riecht, läuft er die Treppen hinab in die Küche, wo er fast vom Fischhändler entdeckt wird. „Zuweilen hörte man das Heulen der Sirenen. Luftalarm! Hier oben im dritten Stock hörte man es besonders gut. Mitunter zweimal am Tag. Jetzt kamen sie auch schon am Tage!" Nico, Wim und Marie warten auf das Ende des Kriegs. Heimlich stellt Marie sich vor, „wie sie am Tage der Befreiung zu

Simone Schröder

69

dritt Arm in Arm aus ihrem Hause gingen. Ein Jeder würde es ihnen sofort ansehen, was er für einer war, an seiner bleichen Gesichtsfarbe", doch eine Lungenentzündung kommt ihnen zuvor. Als Nico nach fast einem Jahr im Versteck stirbt, müssen Wim und Marie die Leiche unter den Augen der deutschen Besatzer verschwinden lassen. Der Arzt hilft Wim, die Leiche im Dunkeln in den Park zu tragen, wo sie sie unter einer Bank ablegen. Später, als die Polizei den Toten schon fortgebracht hat, stellen sie fest, dass eine in Nicos Pyjama eingenähte Wäschenummer Rückschlüsse auf sie zulassen könnte. Aus Angst, verraten zu werden, entscheiden sie, für einige Zeit selbst unterzutauchen. Dadurch kommt es zu einer Art Rollentausch. Die holländischen Retter werden nun ihrerseits zu Schutzbedürftigen, die in den Untergrund abtauchen müssen. Doch ein Polizist hat die Wäschenummer vor der Obduktion heimlich entfernt und vernichtet, die Gefahr ist vorüber. Wim und Marie können in ihre Wohnung zurückkehren.

Es schadet nicht, dass ich das Ende der Geschichte hier schon vorwegnehme; Komödien enden immer gut, wie man weiß, aber diese schlägt einem am Ende die Tür vor der Nase zu und man weiß, dass das Liebespaar nicht unterwegs ist in die Flitterwochen, sondern allein zu zweit.

Das Großartige an *Komödie in Moll* ist, wie wenig explizit didaktisch der Text ist. Die Retter werden zeitweise selbst zu Verfolgten. Der Gejagte rettet sich, indem er stirbt. Am Schluss verlieren die Nazis den Krieg, doch ein Sieg für die Besetzten und die Verfolgten ist das trotzdem nicht. Keilson erzählt eine spannende und emotional berührende Geschichte. Er erzählt von einer inzwischen mehr als siebzig Jahre zurückliegenden Zeit, die in der Handlung unmittelbar erfahrbar wird. Der natürliche Tod ist im Gegensatz zur erwarteten Ermordung durch die Nazischergen das Überraschungsmoment, die unerhörte Begebenheit der Novelle. Dieser Tod eignet sich nicht zur Katharsis. Er ist absurd, weil er nicht richtig begangen werden kann. Auch wir können beim Lesen deshalb nicht wirklich um Nico weinen. Es gibt keine Abfuhr für unsere Trauer. Keilsons Text wehrt sich, uns auf diese Weise emotional zu manipulieren. Er verzichtet auch auf andere Formen der Schwarzweißzeichnung. Im Hinweis auf die Bombardierung deutscher Städte zu Beginn, etwa, artikuliert sich ein „leises Unbehagen" gegenüber der Unterteilung in „Befreier" und „Besiegte", das Keilson an anderer Stelle mit der „massive[n] Ausradierung deutscher Städte" in Verbindung gebracht hat. Doch es bleibt bei solchen Andeutungen der politischen Situation. *Komödie in Moll* ist dicht gestrickt, wie ein Thriller, auch ohne dass Keilson Nazistoßtrupps aufmarschieren lässt, und auch ohne sonstige äußere, dramatisierende Elemente. Dadurch entsteht ein Freiraum für die feineren Nuancen des alltäglichen Zusammenlebens.

Im Verlagsprogramm wurde *Komödie in Moll* seinerzeit mit einem Zitat aus der Baseler *National-Zeitung* beworben: „Die stellenweise geradezu gespenstisch anmutende psychologische Realistik dieser Schilderung ist einer der bemerkenswertesten Beiträge zur Zeit, die uns aus der europäischen Literatur der letzten Jahre bisher bekannt wurden." Trotz positiver Besprechungen nahm 1947 – das Jahr, in dem auch Anne Franks Tagebuch erschien – kaum jemand Notiz von der Erzählung. Als ich in der British Library ein Exemplar der im Amsterdamer Querido Verlag erschienenen Erstausgabe in der Hand hielt, war ich erstaunt darüber, wie klein das Buch war. Ein schmaler Band, der in jede Hemdtasche gepasst hätte.

Als Damion Searls *Komödie in Moll* auf dem Rückflug von Österreich in die USA las, gefiel es ihm so gut, dass der Plan zu einer Übersetzung entstand. Damals kannte Searls nicht mehr als die Eckdaten zu Keilsons Leben, die sich auf der Innenseite des Schutzmantels, zusammengefasst in einem knappen biographischen Abriss fanden: *Hans Keilson wurde 1909 im brandenburgischen Bad Freienwalde geboren. Sein erster Roman* Das Leben geht weiter *erschien 1933 als letztes Debüt eines jüdischen Schriftstellers bei S. Fischer. Der Arzt und Schriftsteller emigrierte 1936 in die Niederlande, wo er bis heute lebt.* Searls wusste also, dass er das Buch eines jüdischen Exilschriftstellers las, doch vermutlich wusste er nicht, dass Hans Keilson fast hundertjährig noch immer lebte. Beim Googlen fand er auf Amazon.com nicht einmal eine Inhaltsbeschreibung seiner ersten beiden Romane. Stattdessen las er an anderer Stelle über Keilsons Arbeit als Psychoanalytiker. Er las, dass Keilson eine einschlägige Studie über die Fortsetzung von Traumata über mehrere Generationen („an Stelle eines Kaddisch") geschrieben hatte, für die er zweihundertvier der zweitausend überlebenden jüdisch-holländischen Kriegswaisen getroffen hatte. Er las, dass Keilson schon während des Kriegs dank eines gefälschten Passes als Arzt im Widerstand tätig gewesen war, und irgendwann las er, dass Keilson noch immer als Therapeut praktizierte.

Am Tag vor Hans Keilsons hundertstem Geburtstag, am 12. Dezember 2009, trafen sich die beiden zum ersten Mal. Keilson sagte lachend, er habe, als er von der Übersetzung erfuhr, seinen Freunden gesagt: „Ich bin noch nicht tot!" Er wolle mindestens 101 Jahre alt werden, sagte er zu Searls, so alt sei Leni Riefenstahl geworden, die gelte es zu schlagen. Und mitten im Gespräch sang er plötzlich: „I can't give you anything but love, baby ... that's the only thing I've plenty of...", und lachte.

Comedy in a Minor Key erschien ein Jahr später. Schon bald darauf veröffentlichte die *New York Times* eine Rezension, in der sie den inzwischen 100 Jahre alten Hans Keilson ein „Genie" nannte. Searls' Übersetzung wurde in die Jahresbestenlisten aufgenommen und für den *National Book Critics Circle Award* nominiert – einer der wichtigsten Literaturpreise in den USA. In den folgenden Monaten erschienen auch in den meisten deutschen Tageszeitungen Interviews und Besprechungen von Keilsons Büchern. Die *ZEIT*-Literaturbeilage enthielt ein mehrseitiges Porträt mit Homestory aus Bussum.

Wenn ich jetzt darüber nachdenke, kommt es mir vor, als sei die Erzählung von Keilsons Wiederentdeckung auch deshalb ein gefundenes Fressen für die Medien gewesen, weil Keilson noch lebte und nun Zeuge seines späten Ruhms wurde. In der Person Hans Keilson materialisierte sich Geschichte. Er verkörperte ein Werk, in dem die Weimarer Republik und zwei Weltkriege vorkamen und für das er mit seiner Lebensgeschichte ganz wesentlich einstand. Fotos zeigten Keilson lachend mit weißem Haar in seinem Sessel sitzend. Er schien über diese späte Wendung amüsiert zu sein, lachte vielleicht auch über den plötzlichen Gesinnungswandel des Literaturbetriebs, lachte womöglich sogar über seinen späten Welterfolg, der in den Medien als eine Art Vergeltungsstreich inszeniert wurde. In einem Gespräch mit der spanischen Zeitung *El País* erwiderte Keilson allerdings auf die Frage nach den euphorischen Besprechungen in Amerika: „Was jetzt passiert, ist erstaunlich. Wenn man zu mir von der gerechten Anerkennung spricht, die meiner Arbeit jetzt widerfährt, dann sage ich, dass Gerechtigkeit allein bedeuten könnte, dass meine Eltern nicht in Auschwitz gestorben wären." Während Keilson in Holland untergetaucht war, misslang ein Versuch, seine Eltern nach Palästina zu schleusen. Sie wurden deportiert und ermordet. Journalisten erzählten trotzdem auch weiterhin die Geschichte von der späten Gerechtigkeit, erzählten sie vielleicht auch, weil Vergeltung ein so mächtiges Narrativ ist. Dagegen konnte Keilson nicht ankommen.

Als ich die Geschichte von Keilsons später Wiederentdeckung zum ersten Mal hörte, war er bei Google schon länger kein Unbekannter mehr. Der erste Artikel, den ich anklickte, war Damion Searls' *Man of the Century*. Unter der Überschrift war das Foto eines sportlichen jungen Mannes zu sehen, der in weißem Hemd mit kurzem dunklem Haar, die Hände in den Hosentaschen, im Wald steht und zu Boden schaut. Das Bild muss entstanden sein, als Keilson in Berlin Medizin und Sport studierte, in den späten zwanziger Jahren. Damals hielt er sich mit Auftritten als Trompeter, Geiger und Crooner in Jazzclubs über Wasser und er schrieb regelmäßig. Nicht nur Gedichte, auch einen autobiographisch gefärbten Roman über den Niedergang einer Kaufmannsfamilie in der Weimarer Republik, der wenige Wochen nach Hitlers Vereidigung zum Reichskanzler erschien, „gerade noch zeitig genug, um verboten zu werden". *Das Leben geht weiter* war Keilsons „Einstieg" in die deutsche Literatur und zugleich sein „Ausstieg", wie er später bemerkte. Er hatte kaum einen Fuß bei S. Fischer in die Tür gestellt, als die Nazis den Roman 1934 auf die Liste der verbotenen Bücher setzen ließen. Im selben Jahr bestand er sein ärztliches Staatsexamen und „wurde ebenfalls hinausgeworfen".

Als seine spätere Frau Gertrud, eine ausgebildete Graphologin, damals in einer Ausstellung ein Foto mit der Unterschrift von Adolf Hitler sah, sagte sie nach einem Moment des Schweigens, ohne zu zögern: „Der zündet die Welt an." – „Du bist verrückt", sagte Keilson, der neben ihr stand, ebenfalls ohne zu zögern. Das alles würde ein Spuk von wenigen Monaten bleiben, dachte er und beharrte darauf, in Berlin zu bleiben. Doch die Stimmen, die zur Ausreise rieten, mehrten sich. Keilsons Lektor, Oskar Loerke, sagte: „Machen Sie, daß Sie rauskommen."

Gertrud reiste vor, Keilson kam wenig später in Amsterdam an. In seinem Reisepass steht noch der damals übliche Vermerk: „nach sieben Tagen bei der Polizei melden". Ein Sozialist aus dem Gemeinderat half ihm dabei, sich im nordholländischen Naarden offiziell als Bürger einzuschreiben. Keilson hatte in seiner Anfangszeit in Naarden, bevor er eine Praxis als pädagogischer Berater eröffnete, nicht viel zu tun. Ich stelle mir vor, wie er durch die Villenquartiere des benachbarten Bussum spazierte, in dem er bis zu seinem Tod lebte, und wie er sich ein Leben in diesem anderen Land ausmalte. Doch sicher sind das nur meine Projektionen, während die ersten Monate in London vergehen. Sicher hat Hans Keilson damals ganz andere Gedanken gehabt. Sicher war er erleichtert, dass die Flucht wie geplant verlief, doch eine Suche nach dem guten Leben, wie ich sie heute verstehe, war es natürlich nicht. Wie hätte es das auch sein können? Keilson hatte Deutschland nicht verlassen wollen.

Man kann seine Geschichte erzählen, wie ich es gerade getan habe, weitestgehend auf das Rohmaterial, die Fakten und Abfolgen bedacht. Man kann sie sich aber auch als Stoff für einen Hollywoodfilm vorstellen. Diese Version der Geschichte würde in einem burlesken Berliner Jazzclub beginnen. Der junge Keilson steht mit drei Freunden auf der Bühne und spielt ein Trompetensolo, das sich immer weiter zuspitzt, als würde er bereits die Melodie zur aufziehenden Katastrophe spielen. Dabei legt er den Kopf in den Nacken und bewegt sich mit der Trompete wie ein Schlangenbeschwörer. Vom Berliner Jazzclub würde uns der Film an verschiedene Orte führen, wo der junge Keilson ständig mit heute bekannten Personen zusammenstößt, mit Marlene Dietrich, Bertolt Brecht, dem exilierten Nabokov in Charlottenburg, mit Samuel Fischer im Verlagshaus und Alfred Döblin, der auch zufällig gerade da ist. In weiteren Szenen sehen wir Keilson auf dem Weg zum Bahnhof. Die Straße ist von patrouillierenden SS-Männern abgeriegelt. Passkontrolle! Schnitt. Zoom. Klack. Ein Stempel wird ins Keilsons Pass gedruckt. Die Tinte ist noch nicht getrocknet, als er ihn zuklappt. Profileinstellung. Wir sehen einen niederländischen Grenzer, keinen Nazi. Keilson steht mit einem Koffer im Bahnhof von Amsterdam. Ein alter chinesischer Fluch besagt: *Mögest du in interessanten Zeiten leben!*

Der Himmel ist trüb und neblig. Wie durch Watte hören wir das Knallen und Zischeln der Feuerwerkskörper in den umliegenden Straßen. Im Haus gegenüber gehen im Fünfminutentakt Gestalten in weißen Turnschuhen, Kapuzenpullovern und Parkas ein und aus. Sie kommen zu Fuß und auf Motor-Scootern, sie klingeln und nachdem sie für zwei Minuten im Haus waren, verschwinden sie wieder. Es ist kurz vor Mitternacht. „Trink", sagt Robert.

Sonja M. Schultz

Hundesohn

Eine vitale, muskulöse Sprache, eine handfest kaputte Hauptfigur, sprachliche Bilder, die wie Fanale im Text stehen und eine Eröffnungsszene, in der nicht nur die Luft, sondern auch Mrs. Stetson und beinahe sogar der Held brennen, führen direkt ins Hamburger Hafenmilieu der 1980er Jahre. Hawk, vormals Kleinkrimineller, mittlerweile durch den Knastaufenthalt geläutert, findet Auto und Wohnung zerstört. Jemand ist ihm auf den Fersen. Was mit hoher Geschwindigkeit und rasanter Action beginnt, wird mit dem Auftauchen des unbekannten Sohnes zu einer Auseinandersetzung mit einer unliebsamen Vergangenheit; einzige Ausnahme bildet die tätowierte Lu aus der Kneipe Les fleurs du mal. Wie sehr das, was geschieht, auf eigenes früheres Handeln zurückzuführen ist oder doch abhängt von der Herkunft und den historischen Umständen, die über das Individuum und seinen enggespannten Entscheidungsrahmen hinausgehen; dieser Frage geht der Roman nach, der eindrucksvoll mit Elementen des hardboiled Genres spielt, sich nicht vor kräftiger Figuren- und Milieuzeichnung scheut und bewusst auf Spannung setzt. Dass kaum noch ein Entkommen ist aus der sekundären Welt der Bilder aus Film, Literatur, ist eine Einsicht, die dieses Erzählen unterfüttert. Denn: Ein Großteil unserer Erfahrungen ist geborgt.

I

Miss Stetson brannte lichterloh. Hawk stand viel zu nah am Feuer. Er hatte die Hände hoch wie zum Boxkampf, die Muskeln pumpten ins Leere, die Hitze fraß seine Augenbrauen. Sein Gesicht war eine geballte Faust, die Unterlippe zwischen die Zähne geklemmt, seine Augen gezogen zu Schlitzen. Die Haut war kurz davor zu reißen, so sehr spannte sie über den glühenden Fingerknöcheln, bald kam das Rote durch und dann die weißen Knochen. Ihm stach der Geruch von versengtem Haar in die Nase, doch sein Gehirn schaltete nicht, das war sein eigenes Haar.

Jemand musste sie mit Benzin übergossen haben, während er in seiner Ecke am Tresen gesessen hatte, dieses mickrig kleine Bier vor sich. Jemand hatte sie schön gleichmäßig vollgespritzt und aus ihr eine Fackel gemacht, deren Flackern ihm die Netzhaut zersäbelte.

Das Feuer schlug in den Nachthimmel.

Weg da!, rief einer der Säufer von hinten.

Hau ab, Mann!

Hawk tat keinen Schritt. Die Haare auf seinen Armen krümmten sich im heißen Wind und er ließ den Vulkan nicht aus den Augen, der vorhin noch Miss Stetson gewesen war, der jetzt Flammen nach oben spuckte und eine tiefschwarze Pest von Rauch hinterher, das war doch nicht normal.

Das konnte nicht sein.

Es machte einen Knall, der erste Reifen platzte. Miss Stetson ging aufs Knie und sackte schräg nach vorn.

Ein gelbes Meer überloderte ihren roten Lack, er schlug ohrenbetäubende Blasen und zersprang zu Fetzen ohne Farbe, dann fiel ein Pistolenschuss. Die Frontscheibe rieselte in die Nacht wie eine Silvesterrakete, tausend kleine Sterne, Hawk wurde der Schädel zu eng.

Weg hier! Der Tank explodiert!

Der Typ packte Hawk an der Schulter und riss daran, aus Hawks Kehle kam ein angebranntes Knurren, Autos explodieren nur in Filmen.

Pures Gift waberte auf die Gaffer zu, die sich auf dem Schotter am Hinterausgang versammelt hatten. Die Menge stöhnte, als zwei Reifen hintereinander explodierten, heißes Gummi landete auf Hawks Hosenbein, biss sich blitzschnell durch den Stoff und in sein Fleisch, er prügelte mit der Hand darauf ein, ohne zu begreifen, was vor sich ging, das Zeug klebte an seinen Fingern fest und schmorte sich unter die Haut.

Miss Stetson ging komplett zu Boden, sie würde nie wieder hochkommen, und jetzt sprengte sie mit einer Serie gezielter Schüsse alles, was sie noch hatte, ihre Scheinwerfer riss es zu Löchern und Flammen schlugen raus, ein heißer Regen aus Glas flog den Säufern um die Ohren und sprenkelte ihnen die unrasierten Visagen. Dann ging die Hupe los, ein langgezogener Schrei.

Hawk schnappte nach Luft, weil ihm jemand das Bein zerschossen hatte, genau so fühlte sich das an, weil sein Mund voll Rauch war und er nur noch Qualm in die Lungen röchelte, weil er glaubte zu sehen, wie der Hut auf dem Armaturenbrett, der graue Stetson, sich in einen Vogelschwarm aus Asche verwandelte, der abhob und alles mit sich nahm, was natürlich Quatsch war, weil es im Inneren des Wagens nichts mehr gab außer Feuerrausch, Atomexplosion und ein letztes sich aufbäumendes Hupen wie beim Untergang der Titanic.

Wieder schüttelte ihn einer und schrie.

Willst du verrecken?

Mit dem nächsten Hitzeschwall wirbelte es Hawk herum und er schlug dem Typen dahin, wo das Gesicht sein musste, und nochmal und nochmal, bis Hawk seine aufgequollene Zunge im Hals stecken blieb, er in den Schotter fiel und den anderen am Kragen mitriss.

Wieder jaulten die Leute auf, hier war ganz schön was geboten, wer hätte das gedacht, und das an einem Freitagabend, von dem sich niemand mehr versprochen hatte als eine zugeknallte Birne in der lauen Sommer-

nacht, zum Versinken weich wie ein Federbett. Hawk und der Typ wälzten sich vor der zum weißen Gerippe verlodernden Karosserie, sie krallten sich ineinander und grunzten, versuchten mit den Fäusten irgendwas zu treffen, Hawk haute gegen die Ohnmacht an und sein Herz pulsierte in zehnfacher Größe gegen seine Rippen.

Dann klatschte etwas Weiches in sein Gesicht, es wurde dunkel und nass. Der Lappen blieb kurz kleben, kühl und komplett aus dem Zusammenhang gerissen. Hinter Hawks Stirn rückte sich was gerade – sie hatten Miss Stetson angezündet, unter seiner Nase angezündet –, dann platschte ihm der vollgesogene Lumpen in den Schoß. Er nahm den anderen Typen gar nicht wahr, würde den im Leben nie wiedererkennen, der sich jetzt hochrappelte, Hawk einen Tritt verpasste und davonfluchte.

Vorstellung Ende, sagte der Wirt, der den Putzeimer über ihnen ausgegossen hatte. Er stand da und stemmte den Arm in die Hüfte.

Von Miss Stetson kam kein Ton mehr.

Nur noch das Rascheln der Flammen und das leise Wabern der pechschwarzen Wolke, die der Nacht mal zeigte, was wirklich Nacht ist, eine lachende Botschaft aus der Hölle.

Sonja M. Schultz

Mit ihrem penetranten Fiepen arbeiteten sich die Sirenen aus der Ferne ins Bewusstsein der heißgeschwitzten Menge auf dem Parkplatz vor. Ganz schön viele Sirenen für so eine Gegend. Jemand holte sich ein frisches Bier.

Verdammt, dachte Hawk, verflucht – und stützte sich auf die Knie, um hochzukommen. Die Pranke des Wirts stieß ihn zurück in den Dreck.

Mach deinen Ärger woanders. Hier is Hausverbot.

II

H ... A ... W ...

Der Bulle tippte nur mit einem Finger, nicht auszuhalten. Der Finger fuhr in der Luft hin und her, bis er über der richtigen Taste hing, dann rammte der Bulle ihn runter. Er schnaufte und schickte den Finger wieder auf Pendeltour.

... K

Ein Elend.

So heißt doch keiner.

Ich schon.

Und woher kriegt man so einen Namen?

Mädchenname der Mutter.

Soso, sagte der Bulle. *Mädchenname.*

Was dagegen?

Hawks Stimme war zerkratzt. Fühlte sich an, als hätte er Knochensplitter im Hals.

Im Polizeiwagen hatten sie die Fenster runtergekurbelt, weil Hawk so nach Fleischräucherei stank. Er verrenkte den Hals beim letzten Blick auf Miss Stetson, die Löschfahrzeuge kreisten sie ein, dicker weißer Schaum ertränkte den Schrotthaufen, der sein Auto gewesen war. Dann hatte ihm jemand einen Promillefänger vors Gesicht gehalten, Alkomat hieß das neuerdings, *schön blasen*, sagte der Typ, was lächerlich war bei dem bisschen Bier und worum ging es hier eigentlich, aber er hatte sich das Ding in den Mund gehängt und dann musste er kotzen.

Der Bulle sah ihn an. Sein Polizeihemd war voller Flecken. Was zum Wechseln hatten die wohl nicht im Schrank oder dem Typ war's komplett egal, wem will der hier schon was vormachen. Uniform fand Hawk schon immer affig, da kann man doch nur drüber kotzen. Aber der Bulle hatte Glück gehabt, das meiste von dem Zeug war auf der Rückbank gelandet.

Ihren Führerschein haben Sie auch nicht? Das würde die Sache einfacher machen.

War im Auto.

Geldkarte, Visitenkarte, irgendwas?

Verbrannt.

Hawks Stimmbänder hatten in Säure gebadet.

Leseausweis von der Bibliothek?

Das Mädchen auf der Bank kicherte. Sie hatte da schon gesessen, als sie Hawk reingeschleift hatten, und sofort zu zetern angefangen, dass es hier stinkt. Sie trug ein durchsichtiges Kleid, zumindest soweit Hawk das beurteilen konnte, und es war nicht auszumachen, ob sie was verbrochen hatte oder wen anzeigen wollte. Es schien auch keinen zu kümmern. Unter Hawks Zunge pappte sich was Schlammiges zusammen, ein Klumpen Asche.

Der Bulle starrte ihn an und fuhr sich langsam mit dem Zeigefinger über die Augenbraue.

Und Vorname Herbert?

Hm.

Heißt das ja?

Hawk räusperte sich und musste husten.

Hm.

Der Finger hing zwischen Augenbraue und Tastatur in der Luft, als wär die Zeit angehalten, für immer vier Uhr nachts auf diesem Provinzrevier. Das Mädchen im durchsichtigen Kleid gähnte mit weit geöffnetem Mund, Hawk sah aus dem Augenwinkel, wie sich ihr Gesicht verzerrte.

Na schön.

Der Finger sauste wieder runter.

H ... E ...

Hawk schob die zähe Pampe im Mund herum. Sein Blick wanderte vom fleckigen Kragen des Bullen runter, unter den Tisch. Der saß breitbeinig auf seinem Bürostuhl und bei jedem Buchstaben wippten ihm die Knie. An der Seite wippte sein Pistolenhalfter, eine P6, was sonst.

Um nicht auf dumme Gedanken zu kommen, zwang sich Hawk, schön hochzugucken und die Sachen an der Wand zu studieren, ein paar Fahndungsplakate, ein Abrisskalender vom letzten Jahr und diese Bilder von verschwundenen Kindern, die immer in Supermärkten hängen. Hawk versuchte, den Kalenderspruch zu entziffern. *Es gibt ...*

irgendwas ... *es gibt ...*

die Schrift verschwamm auf dem vergilbten Papier, was soll's denn schon geben, da war nichts zu machen, hier drehte sich alles, Hawks Kopf sackte runter auf die Brust und in seinem Hals gurgelte was, die endlose Suppe von Meer, die gegen den Ozeandampfer schwappt, tausend Seemeilen weit weg, ein Tuten vom Schiffshorn, das hört hier sowieso keiner, und Wellen von allen Seiten, aber dann schnaufte der Bulle sehr, sehr nah, Hawk hievte sein Kinn und den ganzen Rest nach oben und schüttelte sich, um wieder was klar zu kriegen.

Der Klumpen Pampe in seinem Mund war angeschwollen.

Der Bulle legte den Hörer auf und nickte.

Soso. Vorbestraft.

Hawk starrte das Telefon an, das wie wild flimmerte, mühsam blinzelte er. Da stand einer dieser alten Apparate, die es eigentlich nicht mehr gab, mit Wählscheibe, ein Ding wie aus dem KGB-Museum, durch dessen geringelte Telefonschnur sicher reihenweise Todesurteile gerauscht waren. Daneben eine große Kaffeetasse.

Gibt's hier Wasser?, brachte er heraus. Die Worte machten Schmatzgeräusche. Die ganze Schmiere klebte ihm am Gaumen fest, bald würde sie ihm das Maul stopfen.

Eins nach dem anderen, sagte der Bulle.

Und Sie haben wirklich keine Ahnung, wer das Fahrzeug angezündet hat?

Hawk zog die Stirn zu Falten und versuchte, den Typen scharf zu stellen. Der Bulle beugte sich über den Tisch.

Vielleicht waren Sie's ja selbst? Im Suff.

Jetzt halt mal die Luft an, wollte Hawk sagen oder zumindest diesen versifften Hemdkragen packen und den Typen aus seinem Bürostuhl holen. Als hätte der's gerochen, beugte sich der Bulle noch ein paar Zentimeter vor, sein Arsch hing sicher schon halb in der Luft, und er fuhr seinen Finger wieder aus.

Die Kollegen sagen – der Finger drehte sich zum Telefon –, *Ihre Akte ist noch ganz warm. Drei Jahre Vollzug und die letzten zwei auf Bewährung. Bei der kleinsten Kleinigkeit fahren Sie wieder ein.*

Der Finger machte einen Ruck und zeigte Hawk ins Gesicht.

Dachten Sie wohl, hier auf dem Land sind wir nicht auf Zack? Dachten, hier kennt Sie keiner?

Hawk fing an zu husten, ihm brannte es runter bis in die Brust.

Ich sag Ihnen was, im Gegenteil!

Der Bulle lehnte sich zurück, sein Stuhl quietschte.

Wir haben alles im Blick. 360 Grad.

Jetzt langt's, dachte Hawk, er spannte den linken Arm an, das ging noch, das fühlte sich sogar einigermaßen gut an, dann machte er eine Faust, das sah schon schlechter aus, die hatte was abgekriegt. Die Gelenke knackten, als er die Hand mit einem Ruck öffnete. Er langte über den Tisch, na bitte, und packte die Kaffeetasse des Bullen. Ein bisschen musste er die Zunge zu Hilfe nehmen, dann würgte er den Klumpen raus und spuckte ihn in den Rest dunkler Plörre. Der schwarze Schleim schwamm ein wenig herum und ließ sich dann träge auf den Grund der Tasse sinken. Das war ihre Asche, die er ausgerottet hatte. Das war sein Auto gewesen.

Dich interessiert einen Dreck, wer sie angezündet hat, krächzte Hawk. *Aber ich krieg's raus.*

Er knallte die Kaffeetasse auf den Tisch, dass es dem Bullen fast an die Nasenspitze spritzte. Der rollte mit seinem Stuhl nach hinten und verzog das Gesicht, seine Wumme wippte im Halfter. Hawk wischte sich Spucke vom Kinn.

Der Bulle schnaufte.

Na schön. Und Anzeige erstatten – wie sieht's damit aus?

Kann ich verzichten.

Der Typ fixierte Hawk. Dann streckte er den Arm aus, packte die Kaffeetasse und ließ sie einfach so zwischen seine Füße fallen, die ganze Sauerei verschwand unterm Tisch. Hawk begriff erst nichts, aber klar, da stand der Papierkorb, wo sich die schwarze Suppe jetzt in Ruhe durch zerknüllte Formulare fressen konnte, durch misslungene Phantombilder und Kreuzworträtsel, durch Papiere, die kein Mensch brauchte und die die Welt keinen dreckigen Fingernagel breit besser machten.

Die Toiletten sind hinten, sagte der Bulle und verzog keine Miene. *Falls Sie den Dreck entfernen wollen, bevor Sie gehen.*

Als Hawk aufstand, war ein Schmerz am Bein, aber auszuhalten, das Mädchen auf der Bank war eingeschlafen, die hatte er komplett vergessen, jetzt lag sie da in ihrem durchsichtigen Kleid auf dem speckigen Holz und atmete wie ein Schmetterling. Fast hätte Hawk seine Jacke über sie gelegt, nur die Jacke war ja verbrannt.

Auf dem Klo blieb er lange am Spiegel hängen. Er wusste schon, warum er Spiegel hasste, das war der Horror. Sein Schädel war aufgequollen, das kurze Haar stand zerklebt zu Berge. Dreckige Striemen zogen sich durch Gesicht und Bart, die Haut sah aus wie mit Schmirgelpapier bearbeitet. Hawk drehte das Wasser auf und schob seinen Kopf unter den Hahn. Er ließ alles über sich wegrauschen, ließ sich das kalte Wasser durch Mund und Ohren zischen und über die rußigen Finger laufen, am besten wäre es, die ganze Sache in den Ausguss zu spülen, diese ganze Nacht, und nicht mehr aufzutauchen, das wäre wirklich das Beste.

Durch das Rauschen waren Stimmen zu hören. Hawk drehte den Hahn zu und schaute ins Waschbecken, der Ausguss zog sich den dreckigen Strudel rein. Tropfen fielen von seinem Gesicht und zersprangen auf dem verkalkten Porzellan. Offenbar war das Mädchen aufgewacht, sie schimpfte und die tiefere Stimme des Bullen hielt dagegen.

Ob die beiden was miteinander hatten? Vielleicht war sie blöd genug, was mit einem Bullen anzufangen, ein deprimierender Gedanke. Hawk strich sich die Haare zurück und sah in den Spiegel.

Die schwarzen Striemen waren runtergewaschen. Dafür waren seine Augenbrauen fast weggebrannt und die dünne, lange Narbe, die sich sonst unter seiner rechten Braue verbarg und nur am Ende als kleiner, blasser Strich etwas herausragte, war für alle Welt sichtbar und leuchtete knallrot.

Wie ein Pfeil überm Auge, der schrie: Hier reinschlagen, genau hier! Was für eine misslungene Fresse, dachte Hawk, ein Scheißhaufen von einem Gesicht. Gleich kommen die Fliegen und setzen sich drauf.

Als er zurückkam, saß der Bulle hinter seinem Schreibtisch und rauchte. Das Mädchen war verschwunden.

Wo ist sie?, fragte Hawk.

Wer?

Na, die im Kleid.

Der Bulle saugte an seiner Zigarette, Roth Händle oder Ernte 23, irgendein übles Kraut, die Spitze glühte wie verrückt.

Wer?, sagte er und blies Rauch aus.

Einen Moment lang ließ Hawk sich einnebeln. Sein Blick fiel wieder auf den Kalender an der Wand und er kniff die Augen zusammen. Das oberste Blatt war vom letzten Sommer, Juni 88, jetzt konnte er den Spruch lesen. Auf dem Zettel stand:

Es gibt vielerlei Lärm, aber nur eine Stille.

Aha, machte Hawk. Dann drehte er sich um und ging.

Draußen dämmerte es, ein rosa Streifen schwebte am Himmel, als Hawk aus der Wache kam. Er hatte keine Ahnung, wo er war. Er lief die Straße runter und saugte Luft ein, aber da war nichts. Wäre das hier seine Gegend, könnte er die Malzfabrik riechen, deren süßlicher Dunst über allem hing, über den Häusern und in den Baumkronen. Das hatte ihm gleich an diesem Kaff gefallen und er war in die viel zu kleine Wohnung gezogen, Hauptsache, ein Dach überm Kopf und weit weg vom alten Mist, ein Stück Erde, wo ihm süße Bierschwaden zum Fenster reinbliesen und keiner ihn kannte, das ist doch ein Anfang.

Hawk hinkte ein wenig, er sah an seinem Bein runter.

Wo sich das brennende Gummi durch die Hose gefressen hatte, schaute ein Stück seines Oberschenkels raus, die Haut war wässrig, die angebrannten Ränder des Stoffes klebten an der suppigen Wunde fest. Die Hose war hinüber.

Dann hob er den Kopf und da stand das Mädchen im durchsichtigen Kleid. Sie lehnte an einer der Laternen, die nie brannten, weil hier keiner Geld hatte für so etwas wie Licht auf den Straßen, und es war sowieso besser, wenn die Leute in ihren Wohnzimmern vor den Fernsehern vergammelten, alles unter Kontrolle.

Fährst Du mich nach Hause?, fragte sie.

Klar, sagte Hawk.

Fast hätte er in die Hosentasche gegriffen, wo der Autoschlüssel war. Sein Schlüssel und vielleicht noch etwas Kleingeld, der Rest war verbrannt. Fast schlug ihm die Hitze wieder ins Gesicht, fast rollte das Flammenmeer auf ihn zu, verschluckte diese Straße und das Mädchen, zersengte ihr Kleid zu schwarzen Flocken, in null-komma-nichts wäre alles verloren, aber Hawk bekam sich in den Griff, na klar würde er sie nach Hause fahren. Er sah sich um, bis er an einem Zaun ein Fahrrad entdeckte. Er musste nicht einmal das Schloss knacken, es reichte, eine Latte rauszubrechen.

Du siehst ganz schön übel aus, sagte sie.

Sie hatte es erfasst.

Macht ja nichts. Sie lächelte. *Fahr einfach los.*

Sie schlingerten ordentlich. Das Mädchen war seitlich auf den Gepäckträger gehüpft, sie wog nichts, trotzdem hatte Hawk Mühe, den Lenker gerade zu halten, er war hundert Jahre nicht Fahrrad gefahren, vielleicht das letzte Mal als kleiner Junge, und noch dazu war das hier ein verdammtes Damenrad. Hawk trat in die Pedale und die mit seinem Hosenbein verklebte Haut riss sich los.

Und was hast du da überm Auge?

Die Stimme des Mädchens kam von hinten, ihr Finger tippte gegen seinen Schädel.

Alte Narbe, sagte Hawk.

Hat sicher wehgetan.

Keine Ahnung. Lange her.

Sieht aus wie ein Pfeil, sagte sie.

Hawk wäre es lieber gewesen, wenn sie ihre Arme um ihn geschlungen hätte, um sich festzuhalten, ihre Arme um ihn rum, das würde das Radeln leichter machen, aber sie schien das nicht nötig zu haben und saß einfach so da, die Beine an der Seite übereinander geschlagen. Wenn er den Kopf drehte, konnte er ihre Fußspitzen in der Luft wippen sehen, in Sandalen, wie beim Strandausflug, vielleicht fuhr der Wind ihr unters Kleid.

Und was machst du jetzt? Ohne dein Auto?

Hawk dachte an Miss Stetson. Das Knirschen ihrer Ledersitze, wenn er sich hinters Steuer schob. Wenn er die glatte, kühle Lederhaut im Rücken spürte, spannten sich seine Muskeln bis zu den Ohren und alles kribbelte. Ein Dutzend Jahre hatte er sie gefahren. Hätte sie weiter fahren wollen, bis sie unter ihm auseinandergefallen wäre.

Das war nicht irgendein Auto, sagte er, als wär wichtig, dass sie das wüsste.

Jetzt linksrum, sagte sie.

Er verkrampfte die Arme, um nicht umzufallen, dieses Rad war ganz schön schwergängig, um sie herum wurde es heller.

Was war's denn dann, wenn's nicht irgendein Auto war?

Hatte sicher keinen Zweck, ihr zu erzählen, was ein Alfa Romeo ist, ein echter Alfasud Sprint. Mit zwei gelben Scheinwerferpaaren auf jeder Seite, wie Fuchsaugen, an denen die Insekten im Sommer schier durchdrehten. Wie das schmale Lenkrad unter seinen Händen durchglitt und der Motor schnurrte, wenn er aufs Gas trat. Die Straßenlage war so todsicher, dass er sogar sturzbetrunken fahren konnte, nichts brachte sie aus der Ruhe, Miss Stetson rollte einfach weiter und fand ihren Weg. Das konnte er dem Mädchen schlecht erzählen, also ließ er es bleiben und machte nur ein Geräusch.

Und weißt du, wer's gewesen ist?

Sie fragte ganz schön viel.

Das Feuer. Warum du so stinkst.

Hawk sah vor sich, wie sie die Reste von Miss Stetson auf einen Schrotthof schleppten, gut möglich, dass sie das gerade taten, er stellte sich vor, wie ihr Gerippe da langsam kalt werden würde zwischen all den anderen traurigen Karren. Gut, dass die Knarre nicht mehr im Handschuhfach lag. Die Provinzbullen hätten sie womöglich aus dem Wrack gezogen, bevor es in die Schrottpresse wanderte, dann wäre er wieder dran gewesen. Wenigstens die Knarre war sicher.

Ist jemand hinter dir her?

Sie ließ nicht locker.

Hinter mir ist keiner her.

Aber natürlich kam ihm die Sache mit Verfurth hoch. Daran hatte er schon auf der Wache gedacht. Bloß war das nicht Verfurths Stil, Sachen anzuzünden, ganz und gar nicht, und Hawk hatte alles abgesessen, sie waren quitt, ein für alle Mal. Er trat in die Pedale und keuchte, all diese Canaillen gingen ihn nichts mehr an, Hamburg ging ihn nichts mehr an, er war raus. Wer weiß, wer da alles noch eine Rechnung offen hatte. Die ganze Stadt war eine offene Rechnung.

Da rüber. Das Mädchen zeigte mit dem Arm über Hawks Schulter auf die nächste gottverlassene Straße in dieser gottverlassenen Gegend.

Hawk zitterte um die Ecke, den Lenker fest gepackt, an seinen Schläfen liefen Schweißtropfen. Mitten in der Kurve ging die Sonne auf.

Ich weiß, wer's war, sagte das Mädchen. Sie klang gut gelaunt und ist ja klar, sie ließ sich herumfahren und konnte mit den Beinen schlenkern, sie hatte ihr Leben vor sich. Hawk legte den Kopf in den Nacken, der Schweiß änderte die Richtung und rann ihm in die Ohren.

Das war eine Frau. Autos anzünden, sowas machen Frauen. Und zwar eine, die dich ganz genau kennt.

Das Fahrrad schlingerte, aber Hawk umklammerte den Lenker und hielt weiter Kurs in die aufgerissene Sonne.

Und – hab ich recht? Hast du mit einer was?

Nicht mehr, brummte Hawk.

Ach, wirklich?

Das Mädchen lachte. Sie lachte, bis ihr Kleid überall flatterte, ihre Sandalen tanzten durch die Luft, die Morgensonne schien mitten durch sie hindurch.

Leszek Stalewski

Eine Einäscherung
(Auszug)

*Temporeich und turbulent beginnt die Reise des Ich-Erzählers und seiner
Frau Paula nach Polen zur Einäscherung der Großmutter. Aus dem Roadtrip wird bald eine Expedition zur Erforschung der eigenen kulturellen
Bezugssysteme, unerwartet auch für den Erzähler. Aufgewachsen in Nürn-
berg als Sohn polnischer Migranten, wohnhaft in Berlin, fährt der Ich-Er-
zähler die Leitplanken einer Herkunft ab, denen er soweit entwachsen ist,
dass er sie mit dem Blick desjenigen wahrnehmen kann, der Menschen und
Land genau kennt, dort aber nicht länger beheimatet ist. Das macht ihn
zum anteilnehmenden Ethnografen. Im Wechsel von beschreibenden und
szenischen Passagen fallen erhellende Schlaglichter auf sprachliche und
mentale Eigenheiten, auf die Verzahnungen der persönlichen mit der kol-
lektiven Geschichte und darauf, wie eine Zeit von einer anderen über-
formt wird. Tato ist ein selbstironischer Erzähler, der mit der scharfsichti-
gen Blindheit der Liebe die familiären und die sozialen Verhältnisse aufs
Korn nimmt und mit einem Humor ausgerüstet ist, der sich aus der Absur-
dität des Alltäglichen speist. Und wie jeder gute Humor trifft auch dieser
in den schwarzen Ernst der Lage: Unter einem ungebremsten Neolibera-
lismus lösen sich regionale Eigenarten und kulturelle Färbungen in Rauch
auf. Auch dafür steht die Asche der Großmutter.*

Wir gingen in die Kapelle hinein. Der Raum war nicht groß. Zur linken
und rechten Seite standen Stühle aufgereiht in vier Riegen. Mein Vater und
mein Cousin stützten Großvater, der mit zarten und tapsenden Schritten
an den blanken Fichtensarg trat. Er begann sofort zu weinen und hielt die
Hand der Leiche meiner Großmutter. Er beugte sich in den Sarg hinein
und gab ihr einen Kuss auf die Stirn, dann auf die Hände. Er stammelte, ich
verstand nicht, was. Ich trat auch an den Sarg und hörte, wie er *„moja
Kasio"* sagte. Immer wieder rief er sie an, ohne die Hoffnung, dass eine
Antwort käme. Tränen rannen vereinzelt durch seine Falten. Ich wollte
glauben, es seien alte Tränen, aber während sie seine blasse, fast opake
Haut herunterflossen, begriff ich ihre Zeitlosigkeit. Seine Augen wurden
immer wunder und dünner. Die Unterlippe zitterte. Er konnte nicht anders, als bei ihr zu bleiben. Einer nach dem anderen traten wir an den Sarg
neben Großvater, meinen Cousin und meinen Vater, die hinter ihm standen
und darüber wachten, dass er nicht stürzte. Ich trat einige Schritte zurück.

Um der Situation Würde zu verleihen, ließ das Bestattungsinstitut GLORIA eine CD mit Trauerklassikern laufen. Leider waren sie nicht von einem Orchester, sondern mit einer Elektroorgel nachgespielt. „Ave Maria", „Candles in the Wind" und „Clair de Lune" fiepten durch die virtuellen Orgelpfeifen, als gäbe es keine Unterschiede zwischen den Tönen und Rhythmen. Im ersten Moment hatte ich den Orgelklang für randomisierten Midi-Sound aus den 90ern gehalten, bis Paula „Ist das Beethoven?" fragte und ich genauer hinhörte.

Großmutter lag in einem frisch gezimmerten Fichtensarg, der nur mit einem durchsichtigen Tuch ausgekleidet war. Sie war so vollgepudert, dass ihre Haut wie ein Silikat glänzte. Paraffin dünstete aus ihrer Leiche. Der ganze Raum roch danach, legte sich über die Gerüche der Kleider, Deodorants und Parfüme und trat alle anderen Düfte zu Boden, als wären es Insekten. Mir fiel eine Meldung ein, die ich letztes Jahr um etwa diese Zeit in einer polnischen Zeitung gelesen hatte. Das Gesundheitsministerium warnte davor, Kinder, Menschen mit Atembeschwerden und ältere Mitbürger zu Allerheiligen auf Friedhöfe zu bringen. Die Menge an Dämpfen, die durch das Paraffin der Kerzen emittiert wurde, könne zu starken Gesundheitsschäden führen. Anwohner wurden angewiesen, Türen und Fenster über die Feiertage geschlossen zu halten und besonders am 1. November darauf zu achten. Die Fenster sollten erst wieder geöffnet werden, wenn der Smogalarm aufgehoben war. Am besten, man ginge für eine Weile aufs Land.

Meine Oma sah aus wie eine Puppe. Sie war kurz vor einer Operation gestorben. Das rechte Bein musste ihr amputiert werden. Den genauen Grund dafür konnte ich von niemandem aus meiner Familie erfahren. Mein Vater sagte, dass man es ihr abnahm, „weil sie da so ein Etwas hatte, und dann musste man ...". Entzündung oder Thrombose waren nur einige der Dinge, die für mich in Frage kamen, nachdem ich den Berichten zugehört hatte. Großmutter war zu Beginn des Eingriffes verstorben. Das Bein hatte man ihr dennoch abgenommen. Sie lag mit nur einem Bein im Sarg. Was mit dem anderen wohl passiert war?

Die konservierte Miene und der Paraffindampf hoben Großmutters harte Erscheinung hervor. Sie hatte zusammengezogene Lippen, wie nur sie sie haben konnte, wenn sie sauer war.

Ich habe immer zu wenig von ihren Geschichten bewahrt. Ich wusste auch nicht genau, wie es dazu gekommen war, dass sie bei dem Major Gilgert, zum Arbeitsdienst abbestellt wurde. In den Akten des „International Tracing Service" war nicht viel über ihre Zeit im Krieg zu erfahren:

Kazimerza Lemanowicz
15.5.1942 – 9/1942
ZA bei Frau Glagau in
Raiuceh/Ostpreußen gel.

ZA Major Kurt Gilgert
9/1942 – 11/1944
Zinden/Königsberg

In dem Archiv waren keine Fotos oder weitere Notizen wie bei meinen anderen Großeltern. ZA steht für Zwangsarbeit. Nach dem Zusammenbruch der Sowjetunion und des Warschauer Paktes bekam meine Großmutter eine Entschädigung von 200 Mark. 1993 hatte auch mein anderer Großvater 200 D-Mark für 5 Jahre Zwangsarbeit bekommen. Großmutter war fünfzehn, als sie in Kriegsgefangenschaft geriet und zu einer Frau Glagau aus Raiuceh/Ostpreußen in die ZA kam. Ich habe erst in den Akten des Suchdienstes davon erfahren. Ich konnte nie herausfinden, wo Raiuceh gelegen hatte. Sieben Monate nach dem Antritt zum Sklavendienst wurde Großmutter an den Major Kurt Gilgert nach Zinden/Königsberg weitergereicht. Auch Zinden konnte ich zunächst nicht finden. Vor kurzem tauchte das Dorf aber auf der Seite eines Landkartenarchivs auf: Google-Ergebnis Nr.4, Zinden hatte wahrscheinlich Zinten geheißen, am Fluss Stradich gelegen, umgeben von den Ortschaften Lichtenfeld, Hermsdorf, Sollnicken und Kreuzberg. Heute heißt es Kornewo, und Kreuzberg heißt Slawskoje. Beide liegen im Oblast Kaliningrad, der Enklave der Russischen Föderation, eingesperrt zwischen Polen

Leszek Stalewski

und Litauen, mit einem feinen Küstenstreifen am Baltischen Meer, in dessen Mitte sich Stellen finden, die so tot sind, dass man sie *black spots* nennt.

Großmutter erzählte eine seltsame Geschichte, mit der sie ihre Ankunft in der Villa des Majors beschrieb. Als eine ihrer ersten Aufgaben wurde ihr aufgetragen, die Treppen zu putzen. Meine Großmutter verstand zu diesem Zeitpunkt aber kaum Deutsch. Sie hatte Angst, etwas falsch zu machen, also nickte sie und ging los in dem Glauben, die Aufgabe klar und deutlich verstanden zu haben. Das deutsche Wort *Treppe* und das polnische *trepy* sind sich phonetisch ähnlich, bedeuten aber unterschiedliche Dinge – *false friends.* Während das eine *Stufen* bedeutet, bedeutet das andere *Stiefel mit Holzsohle.* Meine Großmutter lief also durch die Villa des Majors Kurt Gilgert und suchte ein vollkommen deplatziertes Bauernschuhwerk, das niemand im Haus besaß und der Herr Major vielleicht gar nicht kannte. Großmutter lief also über die eigentlich von ihr zu putzenden Treppen auf der Suche nach den *trepy*. Sie wunderte sich, bekam es mit der Angst zu tun, bis die Haushälterin sie stellte und fragte, wieso sie immer noch nicht die Treppen putze, worauf Großmutter erklärte, dass sie sie nicht finden könne, daraufhin klärte sich die Situation auf. Ich bin mir nicht sicher, ob meine Großmutter eine übergezogen bekam oder nicht. In ihrer Erzählung war das die Stelle, an der sie lachte. Eigentlich waren alle in der Villa ganz nett. Der Koch steckte ihr immer wieder eine Kartoffel zu, die Frau des Majors sei auch ganz nett gewesen, eine Dame. Der Major Kurt Gilgert war es nicht.

Landschaft bei Königsberg

Der Himmel ist schwarz und der Boden braun. Es regnet und ist kalt. Ein Haus, die Fassade wirkt grau, steht inmitten einer flachen Landschaft, umgeben von Feldern. Unweit eine Scheune. Das Haus hat ein Obergeschoss und ein flaches Dach. Die Dachkammer ist niedrig, erstreckt sich aber über das gesamte Haus. Ein Mercedes fährt vor: Baujahr 1938 – ein guter Jahrgang. Ein SS-Mann steigt aus. Wie man es sich vorstellen will: groß und hart. Er ist wütend. Beim Eintritt verzieht sich der Schäferhund in eine Ecke. Der Hausgemeinschaft ist nun gewiss, was passieren wird. Der Junge des SS-Mannes ist im Wohnzimmer. Alles verstummt. Der Junge pisst sich in die Hose. Der SS-Mann, der Vater, zieht den Jungen an dessen Kragen in das Schreibzimmer. Er zieht ihm die Hose aus. Dann nimmt er sich den Gürtel ab und schreit. Laut. Sehr laut. Dann legt er den Jungen über einen eigens dafür angefertigten Bock. Der Hintern des Jungen entblößt im kühlen Haus. Der Gürtel, gefaltet in der Hand des Vaters, zischt durch die Luft, mit der Beschleunigung eines Tennisschlägers, schlägt auf die Hinterbacken des Jungen ein, hinterlässt eine der Breite des Gürtels entsprechende Strieme. Der Junge schreit. Er versagt. Er erträgt es nicht. Noch nicht. Da er sich bereits im Vorfeld eingepinkelt hat, bleibt er im Folgenden trocken. Immerhin. Der Junge schreit und weint. Der Vater schreit und schlägt erneut und erneut und erneut. Stärke durch Härte. Härte durch Ausdauer. Das Geräusch des auf den blanken Hintern des Neunjährigen aufschlagenden Gürtels ist wie das Geräusch dessen, was es ist: Leder schlägt auf Fleisch. Dickes festes gegerbtes schwarzes Leder auf zartes wachsendes Fleisch, geschützt in rosiger Haut, doch die Schläge sind geübt: Sie verteilen sich gleichmäßig quer über beide Backen. Niemals besteht die Gefahr des Aufplatzens der rosigen Haut. Jedes Mal, wenn der Gürtel ausholt und niederzischt, findet der Schlag vor dem Aufplatzen eine neue Stelle. Deshalb bluten die Hämatome fast nie. Das Gefühl der Zeit ist ungleichmäßig verteilt. Während die Mutter, Töchter und Sklaven im Haus die Länge des etwa fünfminütigen Vorgangs kaum in der reellen Dauer wiederzugeben vermögen, vergeht die Zeit im Büro des SS-Manns wie im Flug. Der Vater schwitzt nur wenig. Der Junge verstummt in der Regel zwischen Minute drei und vier. Anschließend zieht ihm der Vater die Hose wieder hoch. Pflichtbewusst. Das ist kein Akt der Freude. Das ist ein Akt der Liebe. Beide stehen das durch. Die Wut macht den Vater unkontrolliert. Keine Sache, auf die der Vater stolz ist, aber was getan werden muss, wird getan. Der Junge wird in der eingepinkelten Hose in die Dachkammer geschickt. Jetzt folgt die zweite Phase des Erziehungsaktes. Der Junge hat die Einsamkeit zu ertragen, der Vater muss verarbeiten, dass er leider, leider seinen einzigen Sohn prügeln muss. Nach einer Stunde in der Dachkammer – natürlich sitzt der Junge nicht, das ist aus offensichtlichen Gründen nicht möglich, denn die Wunden erzeugen ein ziehendes Brennen, ähnlich dem Schmerz einer Verbrennung zweiten Grades, deshalb liegt er bäuchlings im Nord-West-Quadrat der Dachkammer hinter der Kiste des Großvaters oder Urgroßvaters oder Urgroßonkels, er kann sich nicht genau erinnern, wem sie gehört. Er versteckt sich dahinter in der Hoffnung, dass, wenn sein Vater ihn in etwa einer Stunde zurückzitiert, er nicht gefunden wird. Doch sehen seine Beine hinter der Kiste hervor, so dass sein Versteck als sehr schlecht eingestuft werden kann – nach dem Ablauf der Stunde kommt eine seiner Schwestern und holt den Jungen. Er wird von ihr und der Sklavin ordentlich umgezogen und zurück zum Vater geschickt. Neu eingekleidet, schwarze Stoffhose, graues Hemd, schwarzer Gürtel und ein Lederriemen, der wie eine Schärpe vom Vorderbund über eine Schulter zum Hinterbund geht. Die Haare werden geordnet. Er wird wieder zum Vater geschickt, der im Verlauf dieser Stunde seine private Korrespondenz erledigt hat. Der Junge geht vor zum Schreibtisch aus massiver Mooreiche und setzt sich auf den Stuhl. Das ist der letzte Teil der Erziehungsmaßnahme. Auf dem Stuhl sitzend, die nur ein wenig abgeklungenen Schmerzen ertragend, hört er die Erklärung des Vaters zum wiederholten Male, warum diese Maßnahme zu seinem eigenen Wohle und dem Wohle des *Uns-Altbekannten* ist. Der Junge wird im späteren Mannesalter keinen dieser Monologe wiedergeben können.

Der letzte Satz ist Spekulation. Ich weiß nicht einmal, ob Familie Gilgert den Krieg überlebt hat und ob er bei der SS oder Wehrmacht war. Der Hund hatte schreckliche Angst vor dem Major. Er zitterte schon, als die Limousine noch nicht zu hören war. Wenn Großmutter sah, dass der Schäferhund schlotterte, den Schwanz einzog und sich versteckte, wusste man, dass Gilgerts Mercedes von der Straße auf die Schotterpiste, die zur Auffahrt führte, einbog. Den Hund hat er jedes Mal gezüchtigt, unabhängig von seiner Laune. Und natürlich hieß der Hund auch *Wolf*[1]. Der Junge tat meiner Großmutter am meisten leid. Gilgert hatte fast jedem im Haus eine Backpfeife oder einen Tritt gegeben, aber die Marter des Jungen musste kein anderer ertragen. Er hatte unter dem Major am meisten gelitten.

Es gibt bei Heiner Müller eine Geschichte, in der ein SS-Mann im Anmarsch der Russen seine eigene Tochter und Ehefrau im Wald erschießt, weil sie, alle dem Vorbild von Eva Brauns Ehemann folgend, lieber sterben sollen, als sich den Russen zu ergeben. Der SS-Mann erschießt also Tochter und Ehefrau, sich selbst dann aber nicht, er kriegt Angst und läuft davon.

Gilgert war auch auf dem Weg, alle im Hause zu erschießen, als die Sowjetarmee die zweitausend Kilometer von Wolokolamsk nach Berlin vordrang. Doch war Gilgerts Mordlust nicht ganz so dramatisch gewesen. Er wollte nur die Belegschaft erschießen. Seine Frau hatte er vorgewarnt und gesagt, dass sie die Sachen packen solle. Die Ehefrau des Majors packte die Sachen, hielt es aber nicht aus, ihre Haushälter auszuliefern, denn sie wusste, was passieren würde. Großmutter sagte, die Dame kam herein – nur weiß ich leider nicht mehr, wo Großmutter war[2] – und sagte: „Rennt weg, wenn *er* kommt, er bringt euch alle um." Also verschwanden Haushälterin, Koch, Stallbursche und meine Großmutter. Ich glaube, dass das alle waren. Großmutter war zu diesem Zeitpunkt siebzehn Jahre alt und 700 Kilometer von zu Hause entfernt, einem Dorf in der Nähe von Lwòw/Lemberg/Lviv. Die Ostfront rückte immer näher und die ersten Kilometer versteckte sie sich auf einem Pferdekarren, der mit Typhus-Leichen beladen gewesen sein soll. Dieser brachte sie nach Königsberg. Dort konnte sie in einen Zug steigen, um nach Lwòw/Lemberg/Lviv zu fahren. Ob sie umsteigen musste, weiß ich nicht und auch nicht, wie lange diese Reise dauerte. Der Zug wurde außerplanmäßig an einer kleinen Haltestelle im Nirgendwo von der SS gestoppt und durchsucht. In Panik rannte Großmutter durch den Zug. Meine Großmutter erzählte es in etwa so: „Leute rufen, łapanka ([wa'pānka] = Menschenjagd), łapanka'. Ich renne also durch den Zug, weiß nicht wohin und sehe, dass hinter mir die SS in den Zug steigt, mit Maschinengewehren. Dann laufe ich in den nächsten Waggon, da sind lauter Abteile. Ich mache das erste Abteil auf und da: Wehrmacht! Gott, hatte ich Angst. Ich dachte: das Ende."

Die Soldaten sahen das siebzehnjährige Mädchen und ihnen war klar, dass sie womöglich noch auf den Gleisen des ungeplanten Zwischenhalts ermordet werden würde. Denn zu diesem Zeitpunkt wurde noch rücksichtsloser gemordet, wenn es denn überhaupt angemessen ist, solche sprachlichen Kategorien anzuwenden. Die Soldaten sahen das aufgelöste Mädchen, packten sie am Kragen, rissen ihre Rucksäcke vom Boden und stopften sie unter ihren Sitz. Dann legten sie ihre Rucksäcke wieder hin. Als die SS den Waggon, dann das Abteil betrat und die Tür zum Abteil aufriss, riefen die Soldaten: „Hier ist Wehrmacht! Tür zu!" Wortwörtlich mischmaschte[3] Großmutter: „[tu vɛrmaxt. tiʲr tsu]!"

Das ist die Geschichte, die ich kenne. Da war noch etwas mit einer Mühle und einem Huhn, aber es flackern nur abstrakte Bilder durch mein löcheriges Erinnerungsvermögen, die sich an die Erzählungen meiner Großmutter geheftet haben. Ich weiß noch, wie sie erzählte, dass, als sie noch / wieder auf dem Bauernhof lebte, ihr Onkel während eines Sturmes beim Radiohören von einem Stromschlag erwischt wurde. Angeblich saß er am Radiogerät, trug Kopfhörer und ein Blitz schlug ein. Langsam kippte er nach vorne und fiel vom Sessel. Er war tot. Ich weiß aber nicht, ob das ein Garn war, das uns Großmutter gesponnen hatte. Sie erzählte meinem Cousin, meiner Schwester und mir Gutenachtgeschichten, die zum Teil auf echten Begebenheiten basierten, teilweise fiktive Geschichten erzählten und sich teilweise weder als das eine noch als das andere zu erkennen gaben. Großmutter war eine gute Gutenachtgeschichtenerzählerin. Ich erinnere mich auch nicht daran, ob sie uns jemals erzählte, wie sie zu Hause aufgenommen wurde. Ob ihr Herz höher schlug auf den letzten Metern, ob sie in die offenen Arme der Mutter lief, ob zufällig ein Bruder, der auf einer Leiter stand, um den Dachstuhl zu reparieren, sie aus der Ferne erkannte, so wie man Menschen, die einem vertraut sind, am Gang erkennt, an der Art, ihre Hände zu halten, wie sie ihren Rücken stellen, beim Gehen, beim Rennen, ob er sie zuerst gesehen hatte und rief „Da ist unsere Kazia!". Einer ihrer Brüder ist vielleicht in Dachau ermordet worden.[4] Aber einer oder sogar zwei haben überlebt. Insgesamt waren sie vielleicht fünf oder sieben Geschwister.

Dieses unzuverlässige Sammelsurium aus Erinnerungen wird alles sein, was ich behalten werde. Alles, was ich nun herausfinden würde, hätte nicht mehr ihren ganz persönlichen Beiklang, wäre Geschichte und nicht ihre Erzählung. Sie lag da wie eine Puppe und würde mit nur einem Bein ins Grab gehen. Wenn die Prozedur des Krankenhauses korrekt verlief, wurde ihr amputiertes Bein bereits separat verbrannt. Bei der Einäscherung würde ihr Leichnam der Rest sein. Man könnte sagen, ihr erstes Bein sei vorgegangen. Wie verbrennt man eigentlich separierte Glieder? Einzeln oder aus Sparsamkeit in Sammelgruppen? Wie oft wird ein Gliedmaß abgenommen, ein Organ entfernt? Lohnt es sich zu warten, bis ein trostloser Frankenstein zusammengewachsen ist, um in den Brennofen geschoben zu werden, oder macht man es aus Respekt *step-by-step*? In einem Krankenhaus in Regensburg sollen Körperteile illegal in Särgen mitverbrannt worden sein. Man müsste eigentlich dabeistehen, wenn ein Familienmitglied in den Ofen[5] geschoben wird.

1 Einfallsreichtum oder -mut zählte offenbar nicht zu den Stärken der Übermenschen

2 z. B. Stall, Kammer, Küche, Zimmer, ...

3 mischmaschen: (Verb) – Abl. von Mischmasch (aus d. Jidd.). Mindestens zwei Sprachen in einem syntaktischen Ausdruck verbinden und lautsprachlich in Richtung Muttersprache akzentuieren. Bsp.: Ich call vom Nokia.

4 Daran erinnere ich mich nur sehr vage. Ich war sechs oder neun, also entweder vor unserer Umsiedlung nach Deutschland, oder direkt nachdem wir wieder in Polen einreisen durften. Vielleicht stimmt es gar nicht, aber irgendwie hat es sich als Information festgesetzt oder getarnt.

5 Mir fällt beim besten Willen keine bessere Ausdrucksweise ein und wie erniedrigend ist dieses Verbrennen eigentlich. Hier eine Bitte: / Wenn ich dann tot bin / Bettet mich in die Erde.

Robert Stripling

Unter Stunden. Hefte I
(Auszug)

Das Nachdenken über die Grenzen der Sprache treibt dieses poetische Erzählen an. Das Ich dieser aus insgesamt drei Heften bestehenden strukturalen Komposition wandelt mühelos zwischen Zeiten, Orten und Wahrnehmungsschichten umher. Und es wandelt sich. Im fortwährenden Sprechen, in einer Sprachbewegung, in der Beobachtetes und Gedachtes, Erinnertes und Gegenwärtiges auf mehreren Tonspuren zum Klingen gebracht werden, in der Erlebnisse auf Spaziergängen durch Frankfurt nahtlos in überliefertes Frontgeschehen im Zweiten Weltkrieg oder Erinnerungen an eine Reise nach Korsika übergehen, entsteht das Ich in den Strömungen verschiedenster Empfindungen immer anders. Ana B. oder Ampère sind die Adressaten dieser klugen, anspielungsreichen Bewusstseinserkundung, dieses für die Banalitäten, Grausamkeiten und Kriege der Gegenwart offenen Sensoriums. Indem die Aufmerksamkeit durch das Inhaltliche hindurch auf die Sprache selbst gelenkt wird, steht die Tauglichkeit einer Wirklichkeit in Frage, die sich über sprachliche Konventionen und Wahrnehmungsmuster herstellt. In assoziativen Verkettungen, rein klanglichen Sinnzuschreibungen und lyrischen Wortkomposita stellt sich unerwartet neuer Sinn ein; ästhetische Verdichtungen, die das existentielle Fremdsein aufleuchten lassen, das von der Zweckorientiertheit unserer Gesellschaft nie ganz überdeckt zu werden vermag.

[...] Derart schrie am Hafen von Marseille, sage ich zu Ana B., vor einigen Jahren eine eindringliche Allgegenwart: diese *Allgewalt*, sage ich, „eines unendlich umfassenden Weltempfindens", das mir nachhetzte. Aus meiner Laufgeschwindigkeit raus oder wie aus der Geschwindigkeit hervorgebracht: dieses global umspannte Vorgefühl oder Gewühl, das mir folgte. So rannte ich weiter, wie fliehend vor mir selbst davon. Mit dem Hut von Luc. Als er noch lebte oder wie man so sagt: am Leben war. Als sei man einer, der ‚daran' entlanglebt; ‚am Leben ist', nicht ‚drin' oder ‚dabei'. Lediglich daran, ‚dran' – an der Mauer entlang; an der Peripherie, der Außenhaut, Epidermis. Mit diesem weißen Hut von Luc auf meinem Kopf, als er noch lebte, sage ich zu Ana B. & im Gepäck sein Zelt, das ich geliehen hatte, für den Abstecher nach Korsika. Weil ich unbedingt die korsischen Berge sehen wollte, die sich im Mittelmeer aufkämmen; aus der Strömung heben, unerwartet, als träfe man urplötzlich eine Geisterinsel, ein heimliches Eiland, das die Entdeckung sehnt.

Am Hafengebäude hockten vereinzelte Grüppchen / Grübchen: Tunesier, die in engem Oval beisammen, zwischen Edelstahl-Bänken aneinandergelehnt, über Plastiktüten gebeugt, auf die Abfahrt der Fähre warteten. Im tiefen August, die langen Schlangen; die anstehenden Schatten. Raschelnde Cellophanpackung; Zellglas – auch korsische Familien mit auf Autodächern zusammengeschnürtem Hausrat. Dann werden einander Tomaten gereicht, aus merkwürdigerweise mir salzig erscheinenden Händen. Das Weißbrot reißt; Tunis flirrt, hinter der blitzenden Wasserfläche. Von Hafenarbeitern knallen Rufe übers Geländer; eine Rauheit, die den Nachmittag zerlegt. Während Sonne über die Reling ihren Abend schiebt: warm, andächtig bald.

Diese flüchtigen Menschenkörper, flüstert Ampères Stimme, durchziehen dich immerzu; diese vielen, die dich umspülen bei deinem schweigen= schreiben. *Meine Streifzüge oder Spaziergänge*, spreche ich beim Gang am Mainufer entlang; es genügt schon eine einzige Begegnung für den ganzen Monat. Inzwischen eine veraltete Beobachtung: vor wenigen Tagen zog die Familie aus der Wohnung über mir aus. Mit dem syrischen Mädchen, das irgendwo nun groß werden wird. Vielleicht wieder ein Treppenhaus. Bis sie zählen nicht mehr zu üben braucht. Doch noch immer zählt: jeden Morgen die Stufenzahl prüft, durchs Treppenhaus tappt – in mir marschiert. Weiterhin, als dürfe, was einmal sich bewegt habe, nicht enden letztendlich; müsse sich fortsetzen täglich, Verwandlung werden, Verständnis in mir: was ist das Wesen von Bewegung, der keine Dauer zugrunde liegt?

Zwischen Fotobänden sitze ich & betrachte Vivianne Sassens Fotografie: dieser nackte Körper, im Sand muschelförmig verbogen oder handbreit, kopfüber in die Dünen, auf die nächste Flut wartend; mit eleganter Hand gelegt. Wie ein Sandkorn glitzernd – darin verschlossen, das Auge. Ich habe nicht vorgehabt, derart auszuufern: nun ist es, als könne ans gestern Empfundene ein Anschluss hergestellt werden. Als sei's nicht verloschen / verschwommen & nach wie vor in den Motiven fassbar, die ihre Richtigkeit dadurch beweisen, dass alles (auch widersprüchliche Aspekte, die mich ausmachen) einander zulässt.

Ich hab mich in den Hain verlassener Gräber gehen lassen: draußen, die schwülen Nachmittage; Schafotte aus Antennen – man breitet dieser Stadt die Picknickdecken aus; die Lage ruht; der Sommer steht. Es ist allein in den Wohnungen. Ich bin ja immer überall nach Möglichkeit. In Augsburg beispielsweise, dieser sonnige Friedhof wie auf Reis-Terrassen angelegt oder Klippen, auf Erinnerung errichtet, Hochhäuser, die zum Springen

eignen, sage ich zu Luc. Entkleidete Kinder, an den Springbrunnen. Mir ist noch nie ein Arm amputiert worden, doch wird in dem Viertel, in welchem ich wohne, ein Haus abgerissen, meine ich eine Ahnung davon zu bekommen, wie es sich anfühlt. Die Straßen greifen nicht mehr zu. *Als Kind bereits in meinem freien Fall*, will sagen ‚meinem Integral‘: geboren in B.-Zehlendorf (wie's auf der Urkunde steht) & mit meiner ersten Erinnerung ganz gewiss im österreichischen Wald verhaftet. Ganz gewiss? Man hat nur diese eine Gewissheit, auf die es ankommt: das Auge springt in den Mund. Die Uhr nimmt ab. Am Abend dieses Sommertags, sage ich, in einer dunklen Waldhütte. Ein kleines Haus; unter feiernden Familienfreunden. Schlürfende Münder, die Lippen dicklich. Ein Geburtstag vielleicht, zu Besuch oder zu zögerlich, unterwürfig. Gastlich; Gurkenkaltschale oder Anemonen, Buschwindröschen; Gerüche von flüchtigen Viechern verteilt: ich rieche den Waldboden weiterhin, schmecke fast, dieses dichte, moosige Bett; Dill, mit Nadeln bedeckt. Ohne Vorwurf wiederum, sage ich. Ein Erwachsener bittet, Bier zu bringen. Wiederholt überkommt ein Schauer. In mich dringt die Subversion eines verheeren-

Robert Stripling

den Befehls, gedrillt: als schliche ich in dieser Bitte, dieser Aufforderung einer Gewalt nach, die körperlich auftritt. *Alkoholgeruch*, denke ich; lallende Dachse: diese Bitte oder Fürbitte, dieser Bittsteller: in ‚Bier' getauft *in Schaum gebadet*; dieser Mann, der mich angrinst & seine Hand auf meine Wange legt. Der Stechschritt des Jahrhunderts dröhnt durch die Regenrinne; die Luftschlangen, auf denen marschiert wird – gusseisern. Aus dem Kühlschrank dieser Regentonne, sage ich zu J.; ich bin dieses Kind, dieser Hänfling am leicht abschüssigen Garten. Nüstern; Rasierklingen; das Geheimnis heraufbeschworen *wie die Nadel im Heuhaufen*: „Kommen Sie, kleiner Mann", sagt eine fettige, wie von Federbetten abgedämpfte Stimme, „kommen Sie doch." „Hol ma' Bier!", brüllt eine andere. Ich tappe den Hang runter. Ich knie mich hin, runter, greife in eine in den Boden gelassene Regentonne: die schweren, dunklen Äste drüber; Nadelgehölz, Weißtanne – ein dumpfes Pochen mischt sich gewaltsam unters Stimmengeflecht. Feiernde Menschen. Während ich in die Tonne fasse (als drängte ein Pulk aus der U-Bahn-Station Habsburger Allee am Frankfurter Zoo & ich höre die Paviane hinter der Mauer schreien, die Flamingos flattern ins klamme Dunkel). Ich ziehe zwei Bierflaschen: der eisige Flaschenhals, dieser Kronkorken; ziehe die beiden Flaschen raus; stelle sie neben der Tonne ab – Tauben gurren, mein Magen brennt, meine Magenschleimhaut.

An der Domkirche Mariä Heimsuchung in Augsburg; die Punks am Denkmal abends, das abnehmende Sonnenlicht & es bricht alles rein, das Gehör, die Schwalben; dieses feuchtwarme, aschfarbene Gewitterlicht. Schlagende Arterien aus dem Wohnzimmer, denke ich; das rüberdrängte; nah der Veranda: ein keifender Mensch, Bässe boxten; ein Streit gut möglich oder wie von einem stillschweigend sich geltend machenden Recht, das sich erzwang. Wespen drehten sich in einer dickflüssigen Lache; das Heizungsrohr durch meine Kammer in Frankfurt-Griesheim – derart den Erinnerungsbildern eingegossen: aus dickem Blut modelliert; diese fleischartigen Blöcke von Anish Kapoor, sage ich zu Ampère, als wir die von Laufbändern hinaufgezogenen Acryl-Quader beobachten, die diagonal hinaufgezogen & durch den kuppelartig überspannten Saal herab, in den Gropius-Bau klatschen.

So schlugen die Körper der Erwachsenen aneinander: in Österreich, ich kann kaum laufen. Ich kann nicht schlafen. Ich darf doch leben? Zwei vielleicht oder weniger Jahre alt. Aus der Waldhütte schreit eine Mutation/Munition; ein blau unterlaufenes Auge starrt die Nacht an: gequetschte Wut, unter den Feiernden, meine Mutter. Meine geprügelte Quitte, ein zertretener Erdnussflip. Ein Böller explodiert – doch alles fern, verwaschen fast. Dass ich kaum weiß, ob's Erinnerung oder nur wahrer werdende Trugbilder sind, die sich gescheiter, will sagen ‚gesicherter' wähnen, in den Bewegungen meiner Wortwege. Worin ließe sich nachweisen, dass ich kein Engel bin oder Eremit?

Ich reise wie Fächer geschichtet; wie auf immer enger werdenden Kreisen oder wie mit Kiemen, auf Kerben entlang; konzentrisch auf eine Mitte zu, die sich zuzieht. Dahinter weiter; darunter hinab, abwärts, auf Risse zu, Spiralen, die sich ins Undenkbare schieben. „Dem Medium Sprache ist nicht zu trauen", schreibt F. K. in einer Email, „der Sprache aber wohl".

Während in Frankfurt-Griesheim bis zur S-Bahn laufe; das Viertel durchquere, diese vielleicht einige Jahrzehnte zählenden Häuser anblicke. Die Stimmen höre, über dem Rewe-Supermarkt: eine schreiende Frau; schreit weiterhin. Ruft sie jemanden; ruft sie ihn nicht? Ihren Mann vielleicht, der in der Küche eingeschlafen oder vom Wohnzimmer herüberkommt. Allmählich – Schritt um Schritt; unaufhörlich langsam, den Rufen nachgeht; im Morgen noch, alles müde – ganz. Die Gardine verheddert; zwischen Rahmen & geöffnetem Fenster, während der Morgen graut.
So nehmen die Tage Anlauf. Als schritte ein Wahn, der dem Beobachter folgt, dem Moment nach, da er eintritt – mit stierer Anwesenheit. Wer hineinsieht erst, hinter die Erdzeitalter, auf die kommenden zu (das Anthropozän; das wüste Land) erblickt Verläufe, die einander bedingen: kausal zusammenhängen, demjenigen, der alles aufzufangen versucht. Das Trugbild endet, sobald die Erschöpfung durchbricht. Erinnerung wird, Gegenwart: ich fiel in meine Sprache zurück, das Bild; die rauschende Andacht, ‚die sitzende Geschwindigkeit' (Saint-Pol-Roux); ich bin allein, werde nachsitzen; nachbeitzen. Nun, in Frankfurt am Main, mit diesem Erinnerungsgeflecht. Müde noch, doch bei vollem Bewusstsein. Sehe eine alte Frau in der Mülltonne wühlen. Leergut; Plastikflaschen. Was ist faul mit der Welt? Etwas, oder alles? Weniges, oder vieles? Was verzeichnet meine umfassende Empfindung – Worte, wie Aspik: ich höre rannahen, was sich enthüllt; immer eindringlicher oder *weiter ausgedehnt*, sage ich, als ich je zuvor annahm oder ahnte. Dies ist es, dies trifft dich im tiefsten Herzen, beim Zentrum der Nacht: das Erlebte geht mit dir. Ich ruhe nicht aus: ich dehne unendlich die Stunde. Schaue mich aus; sehe mich an wie einer, der sich vorausgeht – dass die Alte Falterstraße hinabführt; wie sie abbiegt, wird Anstrengung, mit jedem Schritt. Sich selbst halten; vertrauen, dass jeder Wortwechsel, jedes Wollknäuel; die Wölkchen & Wattebäuschchen, düster überm Jahresanfang, aufzeichnet. Die Bewegung schimmert auf, ausdauernd, aus geschichtetem Lärm; nimmt die Veränderung mit, den stetig wechselnden Vogelsang. Krähenherde. Man hat ja nur ‚dies eine, den Welten hinzuzugeben, dass es die eigene Sichtweise gibt: immer eingeschränkter, will sagen ‚befreiter'; gedrängt an das wieder & wieder letzte Glänzen in den Augen: staunend wie's Kind. Was immer sich aufbegehrt, wird Zeugnis oder Haube. Dies ist es, das ich trage: ein Gedicht auf dem Kopf. So hebt die Sonne allmählich Aufgänge an, trabt vorbei; ein Geschäftsmann, der kräftige Züge aus der Plastikflasche nimmt. Während er weiterjoggt. Die Dogge im Vorgarten lässt ihren Kopf folgen. Ein Laub in

den Bäumen, sage ich zu Ampère, legt sich nah an Haare. Als griffen Pollen in meinen Scheitel/Schädel ein; die Blätter am Baum, alles raschelt; schaut.

✳✳✳

Während des Aufstehens bereits & seither schleift ein Bein nach. Als schmerzte mein linkes Knie grundlos; als teilte irgendwo sich Sediment. In den Wolken vielleicht, am Marianengraben; im Knie. Linkisch, die Knorpel. Weitab des Geschehens; tief ins Verlässliche verstrickt. Ich denke daran, sage ich zu Ana B., dass die Erinnerung an dich, lediglich in Form eines Terrariums (mit dieser Vogelspinne darin) aufflackert. Rotlicht drüber. Dein Gesicht verspiegelt im Glas: als sei ein Blick in diese Augen ausgeschlossen; verboten ebenfalls, deinen Namen auszusprechen. „Dreifältig ist die Geliebte & gleichzeitig eins", schreibt Ibn ʿArabī, „wie die Wesenheiten Gottes nur eine sind." Nach diesen festgefahrenen Jahren: wie wurde notwendig, dass diese Haltung wurde? Mundsperre, Galgenkram; der überwundene Gram & nun doch eine tägliche Suche durchs Dickicht der Lebendigen. So dass ich nie ganz wieder, sage ich zu Ana B., was vertraut erschien, als dasjenige ansehen kann, was einmal zu sein es meinte. Dergestalt werden Begegnungen Verwandlung. Was ist das Wesentliche, wenn es wechselt? Wie fließt Vertrautheit über, in unüberbrückbare Distanzen? Mein Auge sucht. Suchte uns unablässig, während wir hier, *laminiert* (sage ich zu Ana B.), hinterm Cortex liegen: in die hauchdünne Hülle geführt – was immer durchzubrechen schien, aber nicht brach. Eingeschweißt als Vogelspinne; die ganze Geschichte ins Tier gefüttert; hinter Glas verschlossen, auf den Fraß wartend. Während Familien schlenderten, in Stahlbetonparks. Unter der Autobahnbrücke, denke ich, am Main entlang; diese schwungvollen Bögen – geschwungener Beton. Die älteste Autobahnbrücke Deutschlands. Eröffnet 1935; der BÜRGERMEISTER-SCHUBERT-PARK. Mit meiner Trunkenheit, sage ich, meiner Weltsucht: will jede Kleinigkeit festhalten; alles in mich aufnehmen; aus mir raus, durch mich hindurch in Sprache überführen. Flatternde Plastiktüten; zerschlagene Glasflaschen, die Hortensienblüte, die knisternde Scherbe unter der Sohle, tosender=tobender Ort: die kreischenden Kinder auf dem Spielplatz, vorm Kletternetz; der gesetzte Ruf einer italienischen Frau, die ihren Jungen zur Ordnung anhält.

Auf den Parkbänken versammelt haben sich Furien; Erinnyen, schwarze Witwen – geschützt vorm Sonnenlicht, grell; unter den Schattenflächen verteilt: diese Damen, die hinter Sonnenbrillen hervor mit Blicken stechen. Gekrümmte, drahtige Körper, Falten; Fratzen. Ein Mädchen geht vorbei (trabt fast oder federt), trägt über geflochtenem Haar einen Kranz; trottet entlang, aber ganz langsam; allmählich, neben dem Jungen durch den Park; mit Holzfällerbart. Eine COCA-COLA-Werbung – Fragmente einer Unbedarftheit, die siegt. Diese abgewetzte Plakatwerbung; *immer stiller in den Fragen poetischen Sprechens verbergen*, sage ich mir, will eingehen; ganz zusammengekrümmt unter Stunden die mir auferlegte Sache dulden: ein unendliches Glück. Dieses Pärchen, denke ich, dieser Blütenkranz im Haar: so schlendern die beiden über auf Hügel angelegtem Rasen; schauen verschleiert. Dieser Kranz aus kleinen, verstohlenen Blumen, zusammengeknüpft. Dieses Pärchen, von Blicken verfolgt, von den düsteren Damen beobachtet, am Vormittag; von den Witwen gewittert, als seien sie rohes Fleisch. Schauen dem Pärchen hinterher, als wollten sie fragen, ob diese beiden eine Schönheit seien, die sich beständiger gibt.

Der schreibende Spaziergänger hat den Ausflug abgeschlossen, sobald er in sein Schreibzimmer zurückgekehrt ist. Darin besteht die zeitliche Verschiebung: die Eindrücke liegen vollendet, flirrend irgendwo; spuken als Überreste vor ihm hin; sengen=sägen den belebten Umschwung ab; untergraben den Geisterprozess – alles wird Stachel, erhebt sich & glimmt: ich sitze, ich schreibe – *Abriss meines Lebens*. Eine herkömmliche Tragik wohl; wenn eine Tragik vermag, herkömmlich aufzutreten: diese Folgen, die erwuchsen; die irgendwann ausreichten, dem Leben seine Bestimmungen aufzudrücken, sage ich: wie mir mein Vater beispielsweise, an seiner Werkbank abends oft bis in die Nacht hinein (bis die Nacht noch kaum vom Abend zu unterscheiden war); unter Alkoholeinfluss erzählte. Wie mein Väterchen sprach, wie er lallte davon, dass sein eigener Vater nach Karlsbad gekommen war, nämlich dass er an kriegsfreiem Tag, mit Kameraden angeln gefahren, also diese Angeltour *Ausgangspunkt*, der darauffolgenden Lebenswege, usf.

„Ich gebe dir recht", sage ich zu Ana B., „ich habe mich falsch verhalten." Ich meine, für den Hauch einer Millisekunde die Medialität des Menschen zu durchschauen; durchblicke sie – meine, für den Bruchteil eines Lidschlags zu begreifen: dieses Mädchen neben dem Bub, im BÜRGERMEISTER-SCHUBERT-PARK; der Kinderwagen davor; mit dem Kranz im Haar & das helle, fast weißliche Sonnenlicht bricht (wie mich dieses Bild bis über Wochen verfolgt) – jedes Menschlein wie in Arabesken einquartiert; moralisch abhängig, gefangen süchtig; wie sonntäglich oder läppisch boshaft, gallig auf die Fassaden anliegender Anwesen gerichtet. Ich will weinen, also gehe ich raus. Durchstreife die Viertel; die Gebrüder Grimm; der Sims, auf dem ein Blumentopf verrottet – Flussvillen, blätternde Fensterrahmen, ein auf dem Gartentisch gelassenes Buch. Tuschelnde Blicke dieser schwarz gekleideten Frauen, die über das Pärchen lästern oder Prärie: Gerste der Nacht; „windige Sekunden", sage ich; will sagen, ‚Ultraschall': diese grünstichige Baumkrone raschelt. Ist's einerlei, ob's ging oder blieb? Die suchende Hand dieses Jungen, der nach Lüften greift. Mit der Ansicht vielleicht, die noch trübt. Bis sie erschrickt, woran man sich trüben ließ. Als sei'n sie unfassbar, diese beiden: dieses Pärchen schlendert; *anhand der Prothese*, sage ich; der linke Arm dieser jungen Frau: wie von Cindy Sherman in Szene gesetzt, dieser Plastikkörper.

Wie ich immer diesen Begriffen von ,Fiktion' oder ,Biographie' misstraue; die Sprache kennt keine Zuschreibung (die ganze Weltgeschichte in der Sprache der Fiktion) – man müsste das Dritte aufsuchen, das dazwischenliegende Gedicht. Die Gewissheit täuscht. Man glaubt, man habe nun alle Strecken durch Formuliertes gebannt. Gesetzt die Annahme, Sprache diente ausschließlich der Kommunikation, mit dem Mittel der Übereinkunft. Sprache lacht; sackt – sie seilt sich ab. Somit zynisch/idyllisch oder in eine nicht zu trügende Harmonie verpackt: „dieses Pärchen", sage ich; die Sonne rollt hinterrücks übers Büroviertel Niederrad – Schleifpapier, kratzend glitzernd, über der dümpelnden Wasserfläche des Mainfluss': ich gaffe in alle Reiche offen zugleich; Geschlechter klaffen, Generationen; als sprächen Witwen wie durch Sphären glitschiger Falsette: Geister, die mich kannten, bevor ich war ... Nun zittern die Blätter im Wind; ein Hund, wie Gips. Dann sprintet er los, raschelt, klingelt – die Leine schleifend hinter sich her.

Wie diese Kirschblüte rieselt, „Lammedeererei!", ruft's aus einer Küchenzeile; Schattendächer. Worunter Spaziergänger ihre Erschöpfung retten, Müdigkeit. Mitten im Sommer. „Irgendwann ...", murmelt eine alte Dame, als wollte sie sagen, dass der Tag kommen wird, der apokalyptisch stört. Der Tag, der alles zerschlägt, zersetzt. Errötet & aufhört – zerstört. Beschworen werden Vipern, mit Flötenmusik (ein Nachbarskind übt Blockflöte); auf betonierten Bänken, feiste Gestalten & doch von einer großen Gewöhnlichkeit drapiert: man hat diese greisen Alten zurückgelassen, vergessen; wie die Tomatenpflanze auf der Veranda, die vertrocknet. Uralte Dialekte; regionale Geschwister. Schnabeltassen. Dieses Pärchen, mit stiller Arroganz oder naiv wie die Kenntnis ferner Universen, gabelt sich an der Alten vorbei, die auf den Krückstock gestützt steht. Wie alt mögen die beiden sein? Wieso wirken sie so satt oder erhaben? Vielleicht, dass diese beiden Glücklichen bleiben: vereint in eine geteilte Blindheit, die über alle Untiefen Verwechslungen deckt. So schlendert das Pärchen vorbei (in meinem Gedächtnis), seit einigen Wochen nun: wie's „Laméndo"/ „Lämmche"; schlendert benebelt, wie gesagt; schlendert weg. Diese hessischen Wortfetzen: dieses Mädchen, das von der Lehrstelle plaudert, in der Nassauischen Sparkasse. Fresken, die Schiebetüren & die ledernen Sessel in der ländlichen Filiale; in der Mittagspause, sagt das Mädchen, habe sie einen Grießpudding gegessen, mehr nicht. Das glitzernde Zifferblatt hinter dem Bankschalter, denke ich, der Sekundenzeiger. „Wann war Feierabend?", fragt sie – dicke Eichenholzmöbel. Dieses Pärchen schlendert unters Schattendach; wechselt verliebte Blicke, tauscht Küsse einander – weicht Abgründen aus. Wie aus Felgen geborene Nachtschattengewächse. Als Tischplatte, die man vollständig entstaubte; möbliertes Zimmer; Kronleuchter.

Ein Schlehenspinner hat sich in mein Zimmerchen verirrt. Durch das gekippte Fenster. Ein Schauspieler übt nebenan seinen Text; verbringe den Abend damit, den kleinen Freund rauszubefördern. *Man muss sich dem Werk verschreiben*, sage ich, nicht der Unschuld; einknien, die Stimmen der Stadt, dieses Wirrwarr / Wigwam vergeblicher Ängste. Auch ich bin ein kleines gastliches Taubennest? Ich gurre. Was war ich Schale, was Sprache? Ein Ergebnis, eine Hypothese? Selbst unter den Dichtern die Blauwale, sie bekannten nur eine Farbe. Sie werden zu jung, um vollzogen zu sein, gewesen – selbst am letzten Tag wachsend, denke ich, fang ich Triebe & Träume ab: „stell dir vor, wie alt die Platanen werden, die Planeten", sage ich zu Ampère; oder Fossile, dass darin die Verse gemacht sind, gelegentlich gesetzlich, entgegengesetzt: die bekümmerten, schrillen Bezifferungen meiner Tagesandacht – *von Satz zu Satz voran auf allen vieren Tag für Tag*. Ich liege beschrieben. Ich stehe im Leben. Die Dämmerung braucht lang genug nun, um zu versiegen. Der Tisch rumort, die Tür; der Garten, das lange Wasser: *mach dich auf* (immer wieder).

[...]

Olivia Wenzel

Keine Angst, mein Herz
(Auszug)

Auf tritt die Erzählerin dieses mehrstimmigen Romans aus dem Dialog.
Sprechend – mal tastend, mal zornig – unternimmt sie den Versuch, den
rigiden definitorischen Rahmen auszuleuchten, den in einer Gesellschaft
all jene wahrnehmen, die von ihren Ausschlussmechanismen betroffen
sind. Als Tochter einer ostdeutschen Punkerin und eines Angolaners trifft
sie die Macht eines Blicks, der sie – in Berlin stärker als in New York – als
die Andere konstruiert. Wie sehr dieser Blick von Kindheit an internalisiert
wurde, zeigt sich im Gespräch mit dem toten Bruder, der sich das Leben
nahm. Seine schmerzhafte Abwesenheit und das Unfassbare seiner radika-
len Entscheidung verleihen dem Sprechen existentielle Schärfe. Mal nimmt
der Dialog die Form eines Interviews an, mal die einer Unterhaltung, ist
Befragung und Verhör. Mit der Verschiebung der Form verschiebt sich
auch die Position der Ich-Erzählerin. So ist sie nicht nur Zeugin, sondern
Akteurin im Netz sprachlicher Zuschreibungen. Fragmente des postkoloni-
alen Diskurses werden auf persönliches Erleben heruntergebrochen, iro-
nisch, witzig und bitterernst, Szenen, die veranschaulichen, dass gesell-
schaftliche Mechanismen nicht einfach abgeschafft, sondern nur Haken
schlagend, Irritationen schaffend, Brüche setzend unterwandert werden
können. Genau da aber lauert Lebendigkeit.

1

Mein Herz ist ein Automat aus Blech. Dieser Automat steht an irgendei-
nem Bahnsteig, in irgendeiner Stadt. Ein vereinzelter, industrieller Klotz,
trotzdem unscheinbar. Eine Maschine, ein rostfreier, glänzender, quadrati-
scher Koloss. Warum steht er allein, wer hat ihn erfunden? Wen lockt er
an?
    Der Automat hat eine Glasscheibe an der Front, da kann ich hindurch-
schauen und alle seine Snacks sehen. Ich zoome näher ran: Die Snacks
sind akribisch sortiert, sie lachen mich aus ihren Zellophan-Kleidchen heraus an. Bei ihrer Anordnung und Reihenfolge haben vielleicht marktpsy-
chologische Gründe eine Rolle gespielt, aber das ist jetzt egal. Diese lecke-
ren, kleinen Snacks – von der morbiden Schweine-Rinds-Wurst im
Teigmantel bis zum Kokos-Schoko-Riegel – sie stehen hier alle nur für
mich und ich hab' die Wahl. Ich kann sie in jeder beliebigen Konstellation
anschauen, kaufen, einspeichern und runterschlingen. Mein lieber Scholli,

denke ich plötzlich, noch 15 Minuten, mein Magen gluckst, der Zug kommt bald.

Mein Magen gluckst noch einmal. Er will bloß eine Aufmerksamkeit, echter Hunger ist das nicht. Also fange ich an, in meiner Tasche nach Kleingeld zu suchen. Und während ich noch überlege, ob Kokos oder Schweine-Rinds-Wurst – mein Zeigefinger reckt sich schon zu den Tasten –, geht es los. Der Automat aus Blech kommt mir plötzlich größer vor, er setzt sich in Bewegung. Auch das Gleis, neben dem ich stehe, fängt an, sich zu bewegen, auch der Boden um mich, auch der Automat, alles beginnt plötzlich zu schwingen, sogar ich selbst.

Ich verliere für einen Moment die Orientierung. Als ich nach oben schaue, sehe ich, dass der Himmel sich verdunkelt hat, überall Ruß. Mein Zeigefinger steht immer noch ausgestreckt. Kokos, schießt es mir durch den Kopf, dann falle ich auf die Knie, dann in Ohnmacht.

Ich blinzle, mein Magen gluckst, er will bloß eine Aufmerksamkeit, echter Hunger ist das nicht. Mit ausgestrecktem Finger stehe ich da, Kokos oder Schweine-Rinds-Wurst?, meine Augen tränen. Was ist eben passiert?

Es wäre vielleicht das Beste gewesen, ich hätte in dem Automaten Unterschlupf gesucht, gleich als ich den Bahnsteig betrat. Es wäre vielleicht das Beste gewesen, ich wäre sofort in diesen Automaten aus Blech eingezogen und hätte darin für ein paar Tage gewohnt. Hätte mich mit einer knisternden Folie aus Zellophan zugedeckt und gegessen, was mir in den Schoß gefallen wäre, hätte mir schließlich eine knisternde Toilette aus Zellophan gebastelt. Ich hätte Ruhe und Zeit gehabt, ich liebe Ruhe und Zeit, ich wäre in Sicherheit gewesen. Ich hätte durch die Scheibe nach draußen schauen und die Menschen auf dem Bahnsteig beobachten können. Ich hätte Grimassen schneiden und pathetische Lieder singen, ich hätte die Gespräche der Leute live synchronisieren können. Ich hätte den Menschen, die zu mir gekommen wären, um sich einen Snack zu holen, eindringliche Fragen stellen können. Oder Antworten geben. Ich hätte mich verlieben können. Ich hätte meinen bisherigen Beruf, mein bisheriges Leben einfach so vergessen können. Ich hätte Spaß haben können, auf eine ganz verschrobene Art und Weise! Ich hätte ein neues Leben beginnen können.

Aber ich will ja unbedingt hinaus in die sogenannte weite Welt.

– WO BIST DU JETZT?
– Ich befinde mich in Durham, North Carolina, dem zweitnördlichsten der US-amerikanischen Südstaaten.
– WAS IST DEIN LIEBLINGSESSEN?
– Gestern habe ich mich in eine lokale Spezialität verliebt: Dicke, warme Waffeln mit Nüssen, Ahornsirup und Schokoladencreme werden serviert mit einem Topping aus frittierten Chickenteilen, also wahlweise mit vier Hähnchenflügeln oder -beinen.

- PERVERS.
- Ja.
- WO WOHNST DU?
- In einem soliden Hotel. Es gibt eine Klimaanlage, die Fenster kann man nicht öffnen. Wenn die Putzkräfte fertig sind, schalten sie alle fünf Lampen an, auch wenn ich nicht da bin. Im Innenhof leuchtet rund um die Uhr der Pool, obwohl es viel zu kalt ist.
- UND WIE GEHT ES DIR? WAS IST MIT DEINEN AUGEN?
- ...
- WAS MACHST DU MORGEN?
- Ausschlafen.
- ERZÄHL' MIR NOCH MEHR VOM ESSEN.
- Ein gut besuchtes Restaurant, es läuft unauffällige Musik. Die schwarze Kellnerin fragt mich: *You want them wings or them drumsticks? / Drumsticks please,* sage ich. Dann sagt sie, meine Frisur gefalle ihr. Ich sage: *This was more of an accident, but now I like it.* Wir lächeln uns an, als wären wir Freundinnen. Ich fühle mich plötzlich wohl, auf diffuse Art zugehörig.

Olivia Wenzel

- NETT.
- Das Essen schmeckt mir, die Kombination aus Waffel und Hühnchen ist falsch, verstörend, perfekt. Es gibt keine weißen Angestellten im Laden, bloß ein paar weiße Gäste. Am Nachbartisch sitzt eine Mutter mit ihrem Sohn, beide schwarz, beide für die Dauer des Restaurantbesuchs in die Tiefen ihres Handys abgetaucht. Der Junge sieht verträumt aus, spielt Autorennen, sein Körper ein bisschen zu groß für ihn selbst.
- DAS HAST DU SCHÖN GESAGT.
- Seit ich in den USA bin, sehe ich zuallererst die Hautfarbe der Menschen.
- OKAY.
- Es vergeht keine Stunde, in der ich nicht über die Konstruktion von Ethnie und Identität nachdenke.
- COOL.
- Nein.
- JETZT MACHST DU WIEDER DAS GESICHT. LASS DAS BITTE, DAS IST DEIN WEISSES PRIVILEG-GESICHT.
- Sorry, das war unbewusst.
- IN AFRIKA HABEN SIE KOKOSNUSS ZU DIR GESAGT, ODER? AUSSEN BRAUN, INNEN WEISS. WENN DU DIESES GESICHT MACHST, VERSTEHE ICH, WIE SIE DARAUF KOMMEN.
- Viele Schwarze riechen nach Kokosnuss, das gefällt mir.
- STELLST DU DICH MANCHMAL MIT ABSICHT DUMM?
- Ich wollte nur testen, ob irgendwer über so was lacht.
- REPRODUZIER' NICHT SO EIN BLÖDES ZEUG, KONZENTRIER' DICH.
- Alle wollen ständig mit mir über Rassismus sprechen. Das ist doch nicht meine Lebensaufgabe.
- DU HAST DOCH SELBST DAVON ANGEFANGEN.
- WO BIST DU JETZT?
- Immer noch in Durham, North Carolina.
- UND WO BIST DU ZU HAUSE?
- …
- WAS SAGST DU?
- …
- WAS SAGST DU?
- Ich sage, dass viele Schwarze sich kein Auto leisten können, aber dass die Stadt hier ausschließlich fürs Autofahren gebaut ist. Ich sage, dass ein schwarzes Pärchen letztes Jahr von einem stadtbekannten Rassisten auf dem Campus erschossen wurde. Ich sage, dass die Weißen auf dem Land viele Waffen haben und dass ich da besser nicht hingehe. Ich sage, dass auf dem Campus eine große Statue auf einem Sockel steht, die *Silent Sam* heißt. Ich sage, dass *Silent Sam* zu Ehren all jener dort oben steht, die im Bürgerkrieg gekämpft haben – für den Süden, gegen Lincoln. Ich sage, dass die Weißen

ihre Gelder vom Campus abziehen, falls jemand die Statue anrührt. Ich sage, dass nach Protesten der schwarzen Community ein Denkmal neben *Silent Sam* gesetzt wurde für alle afroamerikanischen Sklaven, die die Uni erbaut haben. Ich sage, dass das neue Denkmal aussieht wie ein Campingtisch: Eine große, runde Platte wird von gartenzwergartigen Figurinen über Kopf gestemmt. Ich sage, dass diese Sklaven-Gartenzwerge in die Erde eingelassen dastehen, als würden sie im Treibsand versinken. Ich sage, dass manche Leute das neue, kleine Denkmal als Sitzfläche genutzt haben. Ich sage, dass man deshalb Sitzhocker ringsherum gebaut hat. Ich sage, dass es deshalb jetzt wirklich ein Tisch geworden ist, den die schwarze, versklavte Bevölkerung hochhält, aus dem Morast heraus, ein Tisch, an dem weiße, wohlhabende Studenten in der Pause ihr Lunch essen. Ich sage, dass ich mir nichts von alldem ausgedacht habe. Ich sage: Ich wüsste gern, wie viele christliche, weiße Terroristen, die mit dem Auto in antifaschistische Demonstrationen rasen, es noch braucht, um alle *Silent Sams* dieses Landes zu entweihen.
– DASS DIE SCHWARZEN GLAUBEN, SCHWARZ ZU SEIN UND DIE WEISSEN WEISS.
– Was?
– DASS DIE SCHWARZEN GLAUBEN, SCHWARZ ZU SEIN UND DIE WEISSEN WEISS.
– Es vergeht keine Stunde, in der ich nicht über die Konstruktion von Ethnie und Identität nachdenke.
– COOL.
– Nein!
– WAS IST MIT DEINEN AUGEN?
– Verheult.
– UNTYPISCH.
– Na ja.
– SEIT WANN IST ES EIGENTLICH PEINLICH, ÖFFENTLICH ZU WEINEN?
– Manchmal komme ich abends ins Hotel, schaue stundenlang HBO auf dem riesigen Flatscreen, um mich vor meinen Gefühlen zu verstecken. Bis der Schlaf kommt. In der Nacht träume ich von jungen schwarzen Männern, die aus Flugzeugen in den Tod springen und dabei wütend die Namen weißer Amerikanerinnen rufen.
– *Ashley, Pamela, Hillary, Amber!*
– Viele Wolken, viele Namen, ein tiefes Fallen, am Ende kein Aufprall, bloß mein Erwachen.
– WIE DU LOSGESCHLUCHZT HAST, ALS DIE STEWARDESS GEFRAGT HAT: *Do you want a cookie?*
– Ich habe geweint wie ein Kind, eine Stunde lang, rotzbesoffen, über den Wolken.
– DEIN WEICHES, OBSESSIVES HERZ. WENN DU'S AUFESSEN KÖNNTEST, WÜRDEST DU'S TUN?

– Es kommt darauf an, wer es mir anbietet. Wie der Service ist. Womit es serviert wird.
– FÜHLST DU DICH WOHL AN ORTEN, AN DENEN LEUTE FÜR DICH ARBEITEN?
– Ja, sehr. Service-Inseln beruhigen mich.
– *The service in the U.S. is just gorgeous.*
– VIELLEICHT, WEIL MAN HIER WÄHREND DER ARBEIT NICHT ÜBER POLITIK SPRICHT. DAS MACHT DIE ATMOSPHÄRE WEICH UND HARMLOS.
– Andersherum geht es schon; die Politik spricht ständig über die Arbeit.
– *Watch now: the 10 most wanted topics of politics of all times! Number seven: the future of labour!*
– Wir sind so gewöhnt an das Heilsversprechen von mehr Arbeitsplätzen, dass wir uns gar nicht mehr wundern, wenn einer vorbeikommt und flüstert:
– *Hello little slave of work – shake your booty, make it twerk!*
– WAS SOLLEN MENSCHEN SEHEN, WENN SIE IN DEIN GESICHT SCHAUEN?
–Mich?
– MIT WEM TRÄGST DU DEINE KONFLIKTE AUS?
– Mir?
– HAST DU JEMALS IN EINER TERRORISTISCHEN ORGANISATION MITGEWIRKT?
– Nein.
– WARST DU JEMALS TEIL EINER KRIMINELLEN ORGANISATION?
– Nein.
– IST DEIN HERKUNFTSLAND SICHER?
– Nach welchen Kriterien?
– WO BIST DU GEMELDET?
– Zu Hause.
– WAS BEDEUTET DAS?
– ...
– WO BIST DU JETZT?
– Vor ein paar Tagen war ich in New York. In der Wahlnacht saß ich in einer Bar in Manhattan, nur wenige Blocks von Trump und Clinton entfernt.
– WEITER, WEITER.
– Ich unterhalte mich mit britischen Managern von Shell, wir sind besoffen und guter Dinge.
– CHEERS!
– Ich habe mir Toleranz vorgenommen, will sie nicht verurteilen, weil sie für den Teufel arbeiten. Überraschend angenehme, selbstkritische, eloquente Männer; wir kommen gut miteinander aus. Einer sagt, er sei über-

zeugter Feminist, Angela Merkels Politik zerstöre Syrien, weil niemand zurückkehre, um sein Land aufzubauen, Hillary Clinton hätte so gut wie gewonnen. Der andere, Kee-nic, ist euphorisiert. *This is amazing*, wiederholt er immer wieder in *British English*, seine tiefe Stimme und die wohlklingende Sprache der ehemaligen Kolonialherren ziehen mich an.

- WELCHES DETAIL UNTERSCHLÄGST DU JETZT?
- ...
- WELCHES DETAIL UNTERSCHLÄGST DU JETZT?
- Und seine Ethnie.
- WAS?
- Seine Ethnie zieht mich an. Ich hatte noch nie etwas mit *someone of chinese descent*. Aber ich finde es falsch, das so zu sagen.
- WARUM?
- *This is amazing*, sagt Kee-nic und meint die Stimmung dieser New Yorker Nacht, die Wahl, die Vorahnungen, vielleicht unser aller Gefühl, einem historischen Moment beizuwohnen. Gegen Mitternacht gehe ich mit ihm ins Hotel; wir sind überzeugt, dass am Morgen die erste Präsidentin der USA feststeht. Gegen halb drei haben wir uns betrunken in den Schlaf gevögelt. Mein Handy vibriert, Nachrichten meiner deutschen Freunde. *Nine eleven – eleven nine! – Pass auf dich auf! – What the fuck?* Ich schalte den Fernseher an; Trump beginnt gerade seine Rede. Kee-nic wacht auf, schmiegt sich an mich (so glatte Haut der Mann und riecht so gut, ist das Kokosöl?), wir schlafen noch mal miteinander. Während er mit seinem akkurat trainierten Managerkörper vor sich hin stößt, bekomme ich die Augen nicht vom Fernseher. Kee-nic stöhnt etwas, ich verstehe es nicht, er wiederholt es darum zweimal: *This is amazing. This is amazing.* Donald Trumps Familie sieht tatsächlich geschockt aus, denke ich, während ich mich im 16. Stock eines Manhattaner Luxushotels von einem Mann ficken lasse, dessen Firma programmatisch die Umwelt zerstört.
- Und vier Stunden später im Flugzeug nach Durham die nette Stewardess mit den Cookies.
- WO BIST DU JETZT?
- Immer noch in Durham.
Hier steht auf eine Wand gesprüht: *Black lives don't matter and neither does your votes.*
- HAST DU JEMALS EIGENTUM DEINER REGIERUNG BESCHÄDIGT?
- *Black lives don't matter and neither does your votes.* Ich glaube, das ist kein korrektes Englisch. Ich glaube, das wird noch lange dort stehen. Ich weiß nicht, ob diese Dinge jemals aufhören werden. Ich weiß nicht, ob sie sich verschlimmern werden. In den USA bin ich schwärzer als in Deutschland.
- *This is amazing.*
- Wie bitte?

–   *This is amazing.*
–   Wie bitte?
–   DER SKLAVENHANDEL IST DAS ERFOLGREICHSTE GE-
SCHÄFTSMODELL IN DER GESCHICHTE DER MENSCHHEIT.
ZWANGSARBEIT IST UND BLEIBT EIN ATEMBERAUBENDES
KONZEPT! HANDELN MIT MARGINALISIERTEN KÖRPERN,
AUSPEITSCHEN, VERGEWALTIGEN, AN BÄUMEN AUFHÄN-
GEN – *I love that idea!*
–   Im anglophonen Raum neigt man zu sprachlichen Übertreibungen.
–   *I would kill for the cookies they sell over there!*
–   In Deutschland neigt man zu gewalttätigen Übertreibungen.
–   *I would kill them if I could.*
–   Leute zünden Wohnheime an, rufen Refugees so lang „*Spring' doch*"
zu, bis die sich aus dem Fenster der Unterkunft stürzen, verfolgen als
80-köpfiger Lynchmob irgendwelche Kids, um sie abzustechen. Ich muss
glauben, dass diese Leute randständig sind. Ich muss glauben, dass die ge-
sellschaftliche Mitte diese Angriffe verurteilt. Sonst unterschiede sich das
Land, in dem ich lebe, wenig von den USA. Sonst könnte das Land, in
dem ich lebe, schon bald genauso wählen. Sonst wäre das Land, in dem ich
lebe, nicht länger mein Zuhause.
–   WAS PASSIERT DIR BEIM EINSCHLAFEN?
–   Ich falle.
–   WAS PASSIERT DIR BEIM AUFWACHEN?
–   Manchmal eine Melodie, ein Kichern, oft eine kurze, kalte Angst.
–   WO BIST DU ZU HAUSE?
–   Im Schlaf.
–WAS IST DER GRUND DEINES AUFENTHALTS?
–   Wo, auf der Welt?
–   WOVON TRÄUMST DU?
–   ...
–   WOVON TRÄUMST DU?
–   Für einen Moment sehe ich etwas aufflackern, ein Bild aus dem Ge-
schichtsunterricht, aber aktualisiert, irgendwie neuer, mit Drohnen. Statt
Köpfen in Stahlhelmen die Gesichter meiner Freunde. Meine lieben
Freunde, wie sie rennen, sich ducken, stürzen, wie sie getroffen werden
von Schüssen, Tritten, Peitschenhieben, Bomben, Fäusten, irgendwo in
Berlin, irgendwo in New York, irgendwo in Thüringen. Meine Freunde
mit abgetrennten Gliedmaßen, blutüberströmt, mit verzerrten Gesichtern
am Boden liegend, meine Freunde in Ketten, meine Freunde gefoltert,
meine Freunde verdreht und erstarrt, zwischen kaputten, eingestürzten
Gebäuden. Meine Freunde mit weit aufgerissenen Glasaugen, über die
kleine Fliegen huschen.
–   UND DANN?
–   Und dann:

Meine Freunde als Kapitel in einem Geschichtsbuch, das zugeschlagen wird, emotionslos, sachlich, weil das alles schon so lange her ist. Meine toten Freunde als etwas, das heute niemanden mehr betrifft. Meine toten Freunde als eine Erinnerung, als Denkmal auf Papier, über das man sagen wird:

Sei doch nicht so empfindlich, das war der Zeitgeist damals.

2

Ich stehe mit etlichen Leuten am Bahnsteig und warte auf den Zug.

Noch 15 Minuten, mein Magen gluckst. Ich denke: So viele Menschen hier.

Von irgendwo dringt Musik; eine afroamerikanische Rapperin beschreibt temporeich, wie sie und ihre Bitches husseln.

Ich starre in den Snackautomaten, der Snackautomat starrt in mich.

Mein Gesicht spiegelt sich in der Scheibe; ich lächle mir zu, denke: *Schön, allein zu reisen*, fahre mit der Hand durch meine Locken. Dann bemerke ich die Spiegelung einer Gruppe blonder Schülerinnen. Ohne mich umzudrehen, beobachte ich, wie sie nebeneinander stehen und auf ihre Smartphones tippen. Der Track kommt aus einem ihrer Handys, sie sprechen nicht miteinander.

Ich habe plötzlich Lust, auf dem Glas über ihre gespiegelten Gesichter zu lecken – ganz langsam, ganz gründlich.

[...]

Bettina Wilpert

nichts, was uns passiert
(Auszug)

*Ein Roman, der sich aus der jüngsten Gegenwart schraubt: Erzählt wird
von sexueller Gewalt und vom Erzählen darüber. Jonas lässt Anna bei sich
übernachten. Beide sind betrunken, es kommt zu einem Übergriff. Obwohl Jonas sich nicht schuldig gemacht zu haben glaubt, ist Anna nach
dieser Nacht traumatisiert: Sie hat eine Vergewaltigung erlebt. Hier wird
nach den gesellschaftlichen Bedingungen des Erinnerns an und des Sprechens über ein Ereignis gefragt, auf dem ein Interpretationsdogma lastet.
Bei sexueller Gewalt steht selbst im juristischen Sinne bis heute nicht zuerst
der Täter unter Verdacht, sondern es wird die Glaubwürdigkeit des Opfers
angezweifelt. Durch den geschickten Kunstgriff einer fiktiven Recherche
führt der Roman die Schwierigkeiten einer neutralen Rekonstruktion des
Geschehens vor. Die Begegnungen zwischen Jonas und Anna in der Leip-
ziger Universitätsbibliothek, gemeinsames Public Viewing der Fußballweltmeisterschaft, ihre halbherzige Affäre und die gewaltvolle Nacht verändern sich, je nachdem, wer darüber berichtet. Gleichzeitig verdeutlicht
der Roman die Verschleierungen und Trübungen, die ein Ereignis im Moment seiner Versprachlichung durchläuft, zumal eines, das mit Tabus und
Redenormen so umstellt ist wie dieses. Am Ende geht es um die Selbst-
ermächtigung zu sprechen und ums Vertrauen auf das eigene Erleben.*

C

Dass Hannes nichts Besonderes auffiel in dieser Nacht, am 4. Juli. Er
konnte sich gut an den Abend erinnern, schließlich war es sein Geburtstag, seine Geburtstagsfeier.

Dass er die beiden das letzte Mal in der Küche in Jonas' Wohnung gesehen hat. Wann das war, fragte ich. Ungefähr um zwei oder um drei, nach
Mitternacht auf jeden Fall, zu später Stunde, wie man so schön sagt. Beide
waren sehr betrunken, Anna wankte. Sie klebten den ganzen Abend aneinander, lachten viel.

Doch – eine Sache fiel ihm auf. Aber nicht am Abend, erst am nächsten
Tag: Er fand ein Handy auf dem Spielplatz hinter dem Haus. Der Spielplatz
gehörte nicht zum Garten, auch wenn die beiden Grundstücke nicht durch
einen Zaun getrennt waren und auf einer Wiese lagen. Nachdem die Gäste
weg waren, schlief Hannes am Lagerfeuer ein und wachte durch das Klin-

geln des Handys auf. Eigentlich war es nicht besonders laut, aber er hatte einen leichten Schlaf, so ungemütlich wie er da am Lagerfeuer kauerte. Ein penetrantes Lied, es vermischte sich mit seinem Traum, er war verwirrt, als er aufwachte. Niemand war in seiner Nähe, er folgte dem Geräusch und fand ein Handy im hohen Gras neben der Rutsche – es gehörte Anna. Er hatte lang mit ihr zusammengelebt, er kannte ihr Handy. Sie hatte seit Jahren das Gleiche, ein altes Nokia, und war inzwischen der einzige Mensch aus seinem Bekanntenkreis, der kein Smartphone besaß – das war nervig, weil er ihr SMS schreiben musste –, aber er war neidisch auf die lange Akkulaufzeit.

Im Nachhinein fand Anna es ironisch, dass es in der Nacht vom 4. Juli passiert war, am amerikanischen Unabhängigkeitstag – Unabhängigkeit, sie schluckte.

Sie wusste nicht, dass das Viertelfinale der WM auf der Party gezeigt werden würde, sonst wäre sie später gekommen, nach dem Spiel. Die Wochen nach dem 4. Juli dachte sie viel darüber nach, dass sie vielleicht weniger getrunken hätte, wäre sie später gekommen – und dann wäre es vielleicht nicht passiert. Sie ging jedes Detail des Abends, an das sie sich erinnerte, wieder und wieder durch. Hätte sie Weißwein statt Gin Tonic trinken sollen? Weniger Mexikaner? Hätte das etwas geändert?

Jonas hatte es Hannes selbst angeboten. Hannes hatte darüber geklagt, wie schrecklich es sei, dreißig zu werden, dass er trotzdem oder gerade deswegen eine große Party feiern wolle, aber nicht wisse, wo. Er wohnte in Schleußig in einem spießigen Wohnhaus mit vielen Familien, die hätten eine Gartenparty bis spät in die Nacht niemals geduldet. Jonas erzählte ihm von seinem großen Garten. Auch Momo war einverstanden, dass Hannes seinen Geburtstag in ihrem Garten feiert – unter der Bedingung, dass sich die beiden um nichts kümmern mussten und Hannes am nächsten Tag aufräumen würde.

Dass Hannes zuerst einen großen Plasmafernseher besorgen wollte, aber dann merkte, dass es zu viel Aufwand kostete und zu teuer war. Deswegen beschränkte sich Hannes auf Beamer und Leinwand, sie hängten einfach ein Betttuch an die Mauer zum Nachbarn. Problematisch war nur, dass das Spiel schon um sechs begann – es war noch zu hell und tatsächlich erkannte man den Ball schwer auf der Leinwand, aber besser als nichts.

Verena, Annas Mitbewohnerin, wusste alles über Anna und Jonas, erzählte sie. Anna hatte ihr einmal abends auf dem Balkon davon berichtet. Als Hannes Verena zu seinem Geburtstag einlud, hat sie sich gefreut. Sie hatten sich vorher nur ein paarmal gesehen, da Verena kurz vorher nach Leipzig gezogen ist.

Als sie und Anna ankamen, war das Fußballspiel bereits in vollem Gange, und Anna begann sofort mit ihrem Gezeter: Was für ein Mist,

nicht einmal hier konnte man sich davor retten – und sie stellte sich demonstrativ vor den Beamer. Natürlich stand sie da nur eine Sekunde: Alle Köpfe drehten sich von den Bierbänken zu ihr um und ihr schlug lauter Protest entgegen. Sie machte einen Schritt zur Seite, gab das Bild damit wieder frei, und Verena und Anna wandten sich dem Buffet zu. Anna ging kurz vor der Halbzeit auf die Toilette. Verena konnte sich so gut daran erinnern, weil in dem Moment, als Anna verschwand, die Pause

Bettina Wilpert

begann und es unangenehm für Verena wurde: Außer Hannes kannte sie niemanden, und der stand gerade bei seinen Eltern, sie wollte nicht stören.

Anna wusste, dass Jonas auf der Party sein würde, schließlich fand sie in seinem Garten statt. Sie hatte erwartet, dass es unangenehm werden könnte. Doch dass er sie penetrant ignorieren würde, hätte sie nicht gedacht. Als sie in die Runde grüßte, drehte er den Kopf weg, unterhielt sich weiter, sah sie nicht an. Das war kindisch.

Absichtlich ignoriert hatte Jonas sie nicht. Zu Beginn der Party, während des Fußballspiels, hatte es einfach keine Gelegenheit gegeben, sich zu begrüßen oder zu unterhalten. Außerdem waren viele Leute da, so dass man sich leicht übersehen konnte. Das erste Mal sprachen sie miteinander, als sie sich am Buffet trafen.

Anna sagte zu Verena: Jetzt reicht's! Das ist mir zu blöd!, und sie ging mit dem Glas in der Hand zum Buffet, wo Jonas stand.

Jonas sagte, dass Anna natürlich wieder sticheln musste, wegen des Spiels, und dass sie es beschissen fand, dass Deutschland gewonnen hat, und sie gezwungen wurde, das Spiel zu gucken. Dann sprachen sie über das Essen, nahmen gleichzeitig von der Mousse au Chocolat und waren sich einig, Schokolade ist besser als Vanille.
    Zu Beginn war das Gespräch angespannt, Anna war gereizt, doch als sie sich an einen Tisch setzten und aßen, wurde es lockerer, und sie unterhielten sich gut.

Mehrere Gäste gaben an, dass sie Anna und Jonas den ganzen Abend zusammen gesehen hatten und dass es schwierig war, mit ihnen ins Gespräch zu kommen – sie wollten entweder allein sein oder sprachen über Dinge, bei denen niemand mitreden konnte. Zum Beispiel Stefan: Er war ein alter Studienfreund von Hannes aus Göttingen und hatte versucht, sich mit Anna und Jonas über die WM zu unterhalten, aber offensichtlich hatten die beiden kein Interesse daran, reagierten abweisend, und er verzog sich schnell wieder.

Jonas rechnete nicht damit, noch einmal ein gutes Gespräch mit Anna zu haben; und so, wie sie das letzte Mal auseinandergegangen waren, dachte er, dass sie sich aus dem Weg gehen und es nur beim Grüßen belassen würden.
    Er mochte die meisten Menschen nicht. Er hatte keine Lust auf Hannes' Freunde, er kannte sie nur oberflächlich und verabscheute Small Talk. Das war das Gute an Anna: Mit ihr riss der Gesprächsfaden nie ab; und obwohl sie sich erst dreimal getroffen hatten, gab es zwischen ihnen eine Vertrautheit, als würden sie sich schon länger kennen. Vielleicht weil sie Sex gehabt hatten.

Anna gab es nicht gern zu – aber sie und Jonas waren „auf einer Wellenlänge". Natürlich kannte sie die meisten von Hannes' Freunden; er war ein treuer Typ, seine Freunde waren noch die gleichen wie früher, als Hannes und Anna noch zusammenwohnten und mehr Zeit miteinander verbrachten. Die meisten von ihnen langweilten Anna. Vielleicht war das einer der Gründe, warum sie sich den ganzen Abend mit Jonas unterhielt: Es war schön, dass es jemand Neuen im Freundeskreis gab, Anna nicht mit den immer gleichen Leuten reden musste.

Anna sprach ihm nicht nach dem Mund, das machte sie interessanter als die meisten Menschen. Jonas erzählte, dass er den Eindruck hatte, er strahle etwas aus, das Leute oft dazu brachte, ihm zuzustimmen. Wahrscheinlich, weil er rhetorisch versiert war und die meisten in Grund und Boden reden konnte. Bei Anna war es genau andersherum: Sie sagte immer das Gegenteil von dem, was er sagte – vielleicht auch nur, um ihn zu provozieren. Wenn er sagte, Putins Expansionspolitik in der Ukraine ist nicht in Ordnung, sagte sie, dass schließlich die EU auch versucht, ihren Einflussbereich zu erweitern und dass Russland darauf reagieren muss. Wenn er sagte, er ist solidarisch mit Israel, sagte sie, dass die Siedlungspolitik der Israelis im Westjordanland nicht zu vertreten ist. Wenn er sagte, er findet es wichtig zu gendern und benutzt in seiner Doktorarbeit beispielsweise das Sternchen, nicht den Unterstrich, sagte sie, sie passt es immer der Situation an, ob sie gendert oder nicht. Für sie kommt es auf den Kontext an.

Vielleicht waren ihre unterschiedlichen Meinungen der Grund, warum sie den ganzen Abend zusammen waren, es wurde nie langweilig.

Anna widersprach Jonas nicht absichtlich. Sie hatte den Eindruck, manchmal formulierte er Dinge ungenau, unscharf; vielleicht wirkte das auf ihn, als wäre sie immer anderer Meinung als er – dabei fand sie ihre Standpunkte oft ähnlich.

Natürlich trank Hannes auch mit den beiden einen Schnaps. Er ging mit der Wodkaflasche und einem Glas saurer Gurken von Tisch zu Tisch und sie tranken auf das Leben und die Freundschaft und die Liebe und den Garten und die Party und das Essen.
    Dass Hannes nicht einschätzen konnte, wie betrunken Anna zu dem Zeitpunkt war, als alle noch aßen, weil er selbst schon gut einen sitzen hatte, aber er ging davon aus, dass sie viel abkonnte – schließlich arbeitete sie in einer Bar. In der Regel vertrug Hannes weniger als Anna, obwohl er größer und schwerer war; aber sie hatte mehr Übung und trank gern einen über den Durst. Hannes dachte laut darüber nach, wie viel Alkohol Anna in den letzten Jahren konsumiert hatte: viel, fast jeden Tag. In der Zeit, als

sie noch zusammenwohnten, hatte er es bemerkt – aber auch sonst. Sie sahen sich oft in der Bibliothek und sprachen darüber, was sie am Abend vorher gemacht hatten und bei Anna kam fast immer Alkohol in ihren Geschichten vor. Auch wenn sie sich verabredeten, tranken sie. Er konnte sich an kein Mal erinnern, bei dem es nicht so war.

Jonas sagte, dass er nicht darauf achtete, wie viel Anna an dem Abend getrunken hat, und dass er selbst viel gesoffen hat.

Offensichtlich hat sie viel getrunken, sagte Anna, vielleicht wäre der Abend sonst nicht so verlaufen. Sie hasste sich dafür, die Kontrolle verloren zu haben. Das passierte ihr sonst nie. Auch nicht unter Alkoholeinfluss. Andere Drogen hat sie nicht genommen.

In seinem Freundeskreis war die einzige Droge, die konsumiert wurde, Alkohol – nichts Chemisches, manchmal Gras, schilderte mir Hannes. In Leipzig verlief die Grenze zwischen Freundeskreisen: in manchen wurde Alkohol getrunken, in anderen wurden harte Drogen konsumiert. Menschen passen sich an, sagte er. Hannes kannte wenige Leute, die beides taten. Er konnte sich nicht vorstellen, dass irgendwer irgendwem etwas in ein Getränk mischen würde, nicht in Leipzig, nicht auf dieser Party.

Es war nur Alkohol im Spiel, sagte Jonas.

Dass ihr Gespräch erst unterbrochen wurde, als die Sache mit dem Lied losging, die Geschenkübergabe. Obwohl sie die meisten von Hannes' Freunden seit Jahren kannte, war sie nicht mit ihnen befreundet. Woran genau das lag, konnte sie nicht sagen; sie mochte keine Cliquen. Dass sie kein Geschenk für Hannes hatte, sie hatte seinen Geburtstag vergessen und die Einladung zu seiner Party kam kurzfristig, sie hatte es nicht mehr geschafft, etwas zu besorgen. Aber kein Geschenk war besser als dieses Theater, das seine Freunde aufführten: Fünf von ihnen hatten sich verkleidet, sahen aus, als wären sie gerade aus den 1920er Jahren hergebeamt worden, oder vielmehr so, wie sie sich die 20er vorstellten: Anzug, Hütchen, Seitenscheitel, lange schwarze Zigarettenspitzen. Sie stellten sich in einer Reihe auf und sangen ein Lied von Brecht.

„Denn für dieses Leben
ist der Mensch nicht schlau genug
niemals merkt er eben
allen Lug und Trug."

So viel Pathos!, sagte Jonas. Brecht war unerträglich.

Anna empfand nur Fremdscham. So etwas passte auf eine spießige Hochzeit oder auf den Geburtstag eines 60-Jährigen, aber hier war es völlig fehl am Platz. Es dauerte auch viel zu lang:

„Der Mensch ist gar nicht gut
drum hau ihn auf den Hut
hast du ihn auf den Hut gehaut
dann wird er vielleicht gut."

Bei diesem Teil des Liedes wurde es noch schlimmer, denn das Lied wurde wörtlich performt, dem einen wurde auf den Hut geschlagen und er fiel theatralisch in Ohnmacht und sackte zu Boden.

Dass Jonas zu ihr blickte und die Augen rollte, sie verstand sofort, was er meinte: Diese Performance war einfach nur peinlich. Jonas ließ seinen Zeige- und Mittelfinger auf dem Tisch entlanglaufen, ein Zeichen, dass sie abhauen sollten, und sie nickte. Auf dem Weg zum nächsten Späti lästerten sie lautstark über Hannes' Freunde.

Eigentlich drehte Jonas lieber selbst, aber Anna spendierte Filterzigaretten und sie rauchten sie auf der Straße vor dem Späti, erzählte Jonas. Doch die Harmonie hielt nicht lange an.

Die ganze Straße war voll von Deutschlandfähnchen, die Autofahrer hatten sie an ihren Fenstern befestigt und einer hatte es besonders übertrieben: Er hatte eines an jeder Tür, und sogar die Seitenspiegel waren mit den Nationalfarben bedeckt. Bei so einem Anblick könnte sie kotzen. So viel Fußball und Nationalstolz. Sie machte sich daran, die Fähnchen abzumachen.

Die Sonne war gerade untergegangen, aber es war noch nicht komplett dunkel, jemand hätte sie sehen können. Jonas versuchte, Anna davon abzubringen, aber es war ihr egal, sie fummelte weiter an einem Seitenspiegel.

Zuerst fand sie es lustig, dass er sich so anstellte. Was sollte schon passieren? Im schlimmsten Fall käme der Autobesitzer, und sie würden einfach schnell davonlaufen. Dann wurde seine Stimme lauter, sie sollte aufhören.

Was sein Problem sei, blaffte sie ihn an. Sie war wie ein kleines bockiges Kind: Seine Reaktion brachte sie erst recht dazu ‚weiterzumachen' erklärte Jonas.

Ja, vielleicht hatte sie es auch getan, um Jonas ein wenig zu ärgern, sagte sie. Und sie war zu diesem Zeitpunkt schon ziemlich betrunken, sonst hätte sie es nicht getan. Alkohol machte sie aggressiv.

Er wurde wütender, als er gedacht hätte. Er fand die Deutschlandfahnen auch nicht toll, aber sie hatte nicht das Recht zu bestimmen, wie andere Menschen zu sein hatten. Ihr Verhalten war paternalistisch, herablassend, und sie war keine sechzehn mehr.

Er lief rot an, drehte sich weg und ging in Richtung Party davon, ohne ein Wort zu sagen. Sie ließ von den Fähnchen ab, lief ihm hinterher, holte ihn ein, schweigend gingen sie nebeneinander. Auf der Party trennten sie sich.

Über die Situation mit den Fähnchen dachte Anna in den Wochen nach der Party oft nach. Sie suchte nach einem Grund, der Jonas dazu brachte, das zu tun, was später in der Nacht passierte. War sie zu weit gegangen? Wollte er sich an ihr rächen? Was störte ihn so sehr an der Sache mit den Fähnchen? Dass sie nicht auf ihn hörte? Nicht das machte, was er wollte?

Als Anna wiederkam, setzte sie sich wortlos neben Verena ans Feuer, starrte hinein, wirkte unzufrieden. Verena dachte sich nichts dabei. Sie kannte Annas Launen, konnte sich damit arrangieren, sich auf Annas Bedürfnisse einstellen. Sie saßen nebeneinander am Lagerfeuer und schwiegen.

Wieder auf der Party, ging Jonas von einer Gruppe zur nächsten, sprach mit unterschiedlichen Leuten. Ja, er trank weiter. Mit Hannes als Gastgeber war es schwer, das zu vermeiden: Hannes legte etwa alle halbe Stunde den Arm um Jonas und fragte: Na, noch ein Schnäppes? Nein-Sagen war keine Option, und sie kippten den Wodka schnell hinunter, bissen von der Salzgurke ab.

Das Trinkspiel hätte sie nicht mitspielen sollen, sie trank Mexikaner um Mexikaner. Irgendwann saß er wieder neben ihr.

Er wollte sich nicht zu ihr setzen. Erst waren drei Personen zwischen ihnen auf der Bierbank, aber die verschwanden allmählich, gingen nach Hause oder aufs Klo oder ihnen wurde es am Feuer zu heiß. Anna lallte. Dass sie mit ihm einen Pfeffi auf Freundschaft trinken wollte. Er willigte ein, sie überkreuzten ihre Arme und ihre Gesichter kamen sich beim Trinken nahe.
Geplant hatte er nichts.

Sie wusste nicht, wie spät es war, als sie am Lagerfeuer saßen und tranken. Vielleicht hatte sie da schon die Kontrolle verloren.

Hannes saß eine Zeitlang am Lagerfeuer neben ihnen. Er wollte sich ins Gespräch einklinken, aber er verstand nicht, worum es ging. Dabei war Gespräch eigentlich der falsche Ausdruck: Beide waren schon sehr betrunken, warfen sich eher Dinge und Namen an den Kopf, reagierten nicht aufeinander, waren laut.

Da hat Hannes sie zum letzten Mal gesehen. Nein, er verbesserte sich sofort. Später: Er hatte Jonas geholfen, Anna in die Wohnung zu bringen, zuvor lagen sie sich in den Armen, taumelten.

Anna wusste nicht mehr, wessen Idee es gewesen war, auf den Spielplatz zu gehen. Sie konnte sich nicht an alles erinnern, was in dieser Nacht passiert war. Zwischen den einzelnen Orten hatte sie Lücken in der Erinnerung: Späti, Auto mit Fahne. Schnitt: Lagerfeuer. Schnitt: Spielplatz. Der Weg zum Spielplatz existierte in ihrem Kopf nicht.

Dass es Annas Idee war. Sie war sehr betrunken, wollte weg von den Leuten und der Hitze am Feuer, die ihre Betrunkenheit verstärkte. Eigentlich hatte Jonas keine Lust darauf, aber als sie aufstand und stolperte, dabei fast ins Lagerfeuer fiel, dachte er, es wäre besser, sie nicht allein zu lassen. Am Ende würde sie irgendwo betrunken einschlafen und keiner wüsste, wo.
Er war genervt von ihr, sagte er. Sie schafften es nicht weit, weil Anna dachte, sie müsste sich übergeben. Sie waren nur bis zum Spielplatz gekommen, Anna setzte sich auf die Rutsche und er stand daneben – bereit, ihre Haare hochzuhalten.

Dass sie kotzen wollte, erinnerte sich Anna.

Das letzte Mal sah Verena Anna und Jonas an diesem Abend auf dem Spielplatz. Sie hatte Anna gesucht, wollte mit ihr zusammen nach Hause gehen, fragte ein paar Leute, ob sie sie gesehen hätten, und einer am Lagerfeuer deutete Richtung Schaukel und Rutsche.

Der Spielplatz lag nicht weit vom Garten entfernt. Früher war er durch einen Zaun abgetrennt gewesen, erzählte Jonas, aber jetzt renovierte die Stadt ihn und ließ den Zaun abreißen.

Verena war schlecht im Schätzen. Es waren etwa 300 Meter vom Feuer bis zum Spielplatz. Man konnte sehen, dass dort Leute waren, aber nicht erkennen, wer. Erst als sie sich durch das hohe Gras gekämpft hatte, war sich Verena sicher, dass es Anna und Jonas waren.
Warum sie nicht zu ihnen ging und warum sie Anna nicht nach Hause brachte?, hakte ich nach. Sie wollte die beiden nicht stören. Als Verena in Sichtweite kam, sah sie, wie sie sich küssten. Sie ging allein nach Hause.

Anna sagte, sie hätten sich nicht geküsst.

Dass Anna sich zum Glück doch nicht übergeben musste, erzählte Jonas. Als er sich zu ihr hinunterbeugte, um nachzusehen, ob es ihr gut ging, strich er ihr die Haare aus dem Gesicht und sie küsste ihn – und er automatisch zurück.

Es war kein guter Kuss. Anna schmeckte nach Alkohol, und er war nicht mehr in der Lage, sein Gleichgewicht zu halten. Der Kuss dauerte nicht lang. Anna kippte nach hinten um, lag ausgestreckt auf der Rutsche, lachte zuerst hysterisch, schlief dann plötzlich ein. Er konnte es nicht fassen. Da lag sie, auf dem Rücken, laut atmend. Er wiederholte ihren Namen, stupste sie an, doch sie wachte nicht auf.

Was hätte er denn tun sollen? Er konnte sie nicht so liegen lassen. Sie war nicht mehr in der Lage, allein nach Hause zu finden. Er verließ Anna und lief zurück zur Party, suchte Verena, sie hätte sich um Anna kümmern können, aber sie war schon gegangen. Anna war ungefähr so groß wie er, aber leichter. Er brachte sie in sein Zimmer.

Sie wachte erst auf, nachdem er sie mehrmals angestupst hatte, sagte Anna. Auf ihn gestützt konnte sie ins Haus gehen. Währenddessen war sie bei Bewusstsein.

Hannes half Jonas, Anna die Treppen hochzubringen, Hannes fuhr sich zum wiederholten Male nervös durch die schwarzen Locken, während er berichtete. Die Wohnung lag im dritten Stock, Anna hätte es allein nicht geschafft. Sie war so betrunken, sie konnte nicht mehr stehen, und es war besser, wenn sie bei Jonas übernachtete. Jeder vernünftige Freund hätte so gehandelt. Wenn die Freunde so betrunken waren, dass sie wankten und einschliefen, musste man sich um sie kümmern. Das war selbstverständlich.

Dass Hannes die beiden in der Küche allein ließ und sie den Rest des Abends nicht mehr sah. Immer mehr Leute verließen die Party, und schließlich saß er mit seinem Bruder und einem Freund allein am Lagerfeuer, bis nur noch die Asche glomm. Als er aufwachte, brannte die Sonne auf seinen Kopf.

Er dachte später oft darüber nach, ob er etwas falsch gemacht hatte. Hätte er die beiden nicht allein lassen dürfen? Hätte er ein Taxi rufen sollen? Hätte Anna bei ihm zu Hause schlafen sollen?

Dass Annas Filmriss auch die Zeit zwischen Spielplatz und Wohnung mit einschloss. Dass sie sich nicht daran erinnern konnte, wie sie in die Wohnung kam, sagte sie. Sie kam erst wieder in Jonas Bett zu sich, als Jonas ihr die Hose auszog.

Hannes fand Annas Handy am nächsten Tag im hohen Gras neben der Rutsche. Erst ein paar Tage später brachte er es ihr zurück, als er bei ihr in der Gegend war. Er merkte sofort, dass es ihr nicht gut ging.

Dieses Lied. Hätte das Handy nicht geklingelt, hätte er es nicht gefunden. Der Spielplatz war schließlich nicht Teil des Gartens. Die ganze Woche hatte er einen Ohrwurm vom Klingelton:

„Your stare was holding
Ripped jeans, skin was showing
Hot night, wind was blowing
Where do you think you're going baby?
Hey, I just met you, and this is crazy
But here's my number, so call me maybe."

Ute Nyssen

In memoriam: Christopher Schmidt

Der abrupte Tod des Journalisten, Theater- und Literaturkritikers, Laudators Christopher Schmidt durch einen Schlaganfall am 1. März 2017 hat bei Freunden, Kollegen und Lesern einen überfallartigen Schreck ausgelöst. Bei einem mit 52 Jahren unerwartet frühen Tod wird der Verlust spürbar wie ein Blitzeinschlag gleich nebenan. Die Theaterkritikerin Christine Dössel beschreibt die Stimmung der Trauerfeier in den Münchner Kammerspielen mit einem Zitat aus Rilkes *Zehnter Duineser Elegie*: „Rührung, / die uns beinah bestürzt, / wenn ein Glückliches *fällt*". Schärfer noch vermittelt Christopher Schmidts eigene, hier ebenfalls vorgetragene Rilke-Reflexion von 2009, die Trostlosigkeit angesichts der Unerbittlichkeit des Todes: „Das Ende jeder Elegie ist keine versöhnliche Rundung, sondern eine harte Abbruchkante, ein Sturz ins Verstummen".

Christopher Schmidt war „eine der markantesten Stimmen des Feuilletons" der *Süddeutschen Zeitung*, heißt es im Nachruf seiner Kollegin Sonja Zekri. Wehmütig verabschiedet sie sich, voll von einschränkungsloser Bewunderung für seine Arbeit. „Er argumentierte dicht, kenntnisreich, pointiert und sprachlich-rhythmisch elegant", preist Gregor Dotzauer im *Tagesspiegel* den Kritiker Christopher Schmidt. Der erfrischende Ton seiner Texte wird hervorgehoben, sein Humor und sein Wortwitz, der sich bis zu den schönsten Schöpfungen hochschrauben kann. Doch selbst wenn er dem Übermut, die Dinge beim Namen zu nennen, die Zügel schießen lässt, nie wird er oberflächlich oder selbstverliebt, bleibt er ein hochsensibler Analytiker.

Die Zeit der Papstherrschaft durch Literatur- und Theaterkritik ist vorbei. Dennoch war Christopher Schmidt kein Messdiener. Wenn seinem nüchternen Blick etwas nicht standzuhalten schien, meldete er sich, laut. So riskierte er beispielsweise 2010 mehr als nur eine freche Lippe mit seinem Theater-Manifest *Das Elend deutscher Subventionstheater*. Hier spießt er die neuen Kleider des Theaterkaisers als faulen Zauber auf, die in jenen Jahren verbreitete Regievorliebe für „Stuhlgang und Bluterguss"; für ihn ein Zeichen der momentanen theatralischen Blutleere. Mit eigenwilligen Essays dieser Art, jedoch ebenso mit solchen, die nur so sprühen vor Freude am Spiel, wurde er weit über den Rahmen des Feuilletons hinaus bekannt.

Kaum bekannt aber ist Christopher Schmidt als Autor von neun engagierten und packenden Laudationes. Er schrieb sie als (ehrenamtliches)

Jurymitglied für den seit 2008 jährlich vergebenen *Jürgen Bansemer &
Ute Nyssen Dramatiker Preis*. Weitere Juryarbeit leistete er auch für das
Theatertreffen der Berliner Festspiele und die Wahl des Deutschen Buch-
preises. Als Laudator hingegen war er nur für den genannten Preis tätig,
den mit aufzubauen ihm ein Anliegen war.

Die Laudatio, eine „gelehrte Lobrede" mit einer seit der Antike be-
wegten Geschichte, gilt offenbar nicht als marktgängiges Leseangebot.
Leider nämlich gibt es keine handlichen Anthologien. Aber die Lektüre
lohnt sich, denn obwohl Auftrags- und Gelegenheitsarbeiten, strahlen die
vielen Perlen, auf die man beim Stöbern im Netz stößt, einen sprachlichen
Glanz aus, den wohl gerade das Lob gebiert. Jedenfalls muss sich dessen
positive Aura nicht bloß auf die Hörer beispielsweise einer Preisverlei-
hung beschränken, sondern kann oft auch für den Leser den Preisträger
(neu) ins Licht setzen.

Das Vergnügen an der Laudatio ist ein doppeltes, da bei den berühmten Literaturpreisen der Laudator meist ebenso bekannt ist wie der Lau-
reat. Als Orator muss der Laudator mit vollem rhetorischen Einsatz sowohl von seinem Gegenstand als von sich überzeugen. Gemeinhin nimmt
er Bezug auf den Namensgeber des Preises, dieser – beispielsweise Heinrich Heine – wirkt maßstabsetzend für die Begründung der Auszeichnung. Das größte „Problem" der Lobrede, so fasste es ein kritischer Geist
wie Walter Jens einmal zusammen, besteht darin, ihren Gegenstand „un-
kritisch" zu sehen.

Die Ausgangslage für Christopher Schmidts Laudationes wich von der
oben skizzierten ab. Erstens: Die Namensgeber des Preises können nicht
maßstabsetzend fungieren. Zweitens: Es gibt keine festen Regeln für die
Vergabe, oder genauer: diese ändern sich ständig, da sie Veränderungen
des Theaters berücksichtigen. Drittens: Die Namen der Preisträger sind
wenig bekannt, und bei nicht deutschsprachigen Autoren kann es notwendig sein, auch eine fremde (Theater-) Kultur vorzustellen. Viertens:
Die Laudatio, den Intentionen des Preises entsprechend, will zwar mit
Lob bestätigen, aber mehr noch fördern und also zugleich für ihren Gegenstand werben. Christopher Schmidt hat dieses Werbeziel offen ausgesprochen, zum Beispiel am Schluss seiner Laudatio für die französische
Autorin Marie Ndiaye, 2010 mit dem *Jürgen Bansemer & Ute Nyssen
Dramatiker Preis* ausgezeichnet: „Die Dramatikerin hat man hierzulande
nur erst durch einen Spalt wahrgenommen. Doch wenn nicht alle Theater-
götter sich dagegen stemmen, muss daraus ein Einfallstor werden. Vielleicht hilft dieser Preis dabei." Mit seinem Namen und seiner Laudatio
verbürgt er sich für den Laureaten.

Der hier abgedruckte Text, Schmidts Laudatio auf den südafrikanischen Dramatiker Mpumelelo Paul Grootboom, ist eine Erstveröffentli-
chung. An ihm lässt sich Christopher Schmidts ganz der Sache verpflich-
tete Haltung studieren. Er nimmt sich selbst vollständig zurück, sogar

seinem Witz legt er Zügel an. Den Maßstab der Würdigung erschafft er sich aus dem Anspruch der Stücke des Autors selber. Bei Paul Grootboom ist dies die verzweifelte Kritik an Südafrika seit seiner Befreiung von der weißen Kolonialherrschaft, die Christopher Schmidt in seiner Exposition mit der Haltung des Freiheitskämpfers und nachmaligen Präsidenten Nelson Mandela sowie dessen verantwortungslosem Nachfolger Thabo Mbeki sowohl historisch erläutert als auch werkkritisch konfrontiert. Mit diesem Vorgehen wird ein unbekannter Stückeschreiber für den Zuhörer gesellschaftlich geortet, räumlich und zeitlich. Der Blick auf Ästhetik und dramaturgisches Spektrum des Werks versucht dann, die individuelle künstlerische Aussage des Autors in Verbindung zu setzen zu dessen politischer Darstellung der gesellschaftlichen Verhältnisse. Mit der Einflechtung der Shakespeare-Legende um Nelson Mandela gelingt Christopher Schmidt auf sehr reizvolle Weise die Anbindung Paul Grootbooms an einen großen Klassiker. So wird dieser in dem zeit- und grenzüberschreitenden Medium Theater zu einem weiteren Maßstab des Lobs. Den Laudationes von Christopher Schmidt eignet eine geradezu listig agierende Überzeugungskraft. Sie basiert auf einer ungewöhnlichen Fähigkeit zur Empathie. Dank ihr rückte jeder Autor in ein spezifisch schönes Licht.

Christopher Schmidt

Schatten im Regenbogenland
Laudatio zur Verleihung des Jürgen Bansemer &
Ute Nyssen Dramatikerpreises
an Mpumelelo Paul Grootboom

Die Nachricht vom Tod des großen südafrikanischen Freiheitskämpfers Nelson Mandela, der am 5. Dezember 2013 starb, überschneidet sich in der Erinnerung an jene Tage mit dem Tweet einer jungen Amerikanerin, der damals weltweit für einen Sturm der Entrüstung sorgte. „Ich fliege nach Afrika. Hoffentlich bekomme ich kein Aids. Nur Spaß. Ich bin ja weiß!", hatte sie kurz vor ihrem Abflug nach Südafrika gepostet und binnen Sekunden die Werte, für die Mandela ein halbes Leben lang im Gefängnis verbrachte, in den Hintergrund gedrängt. Ihre Twitter-Nachricht beweist, wie weit wir immer noch entfernt sind von der Überwindung des Rassenhasses. Oder, wie Paul Grootboom einmal im Interview mit dem britischen *Guardian* gesagt hat, dass die Apartheid zu erfolgreich war, um sie hinter sich zu lassen.

Im Dezember 1977, 36 Jahre vor seinem Tod, hatte Nelson Mandela folgende Passage aus William Shakespeares *Julius Caesar* markiert und seinen Namen sowie das Datum neben die Zeilen geschrieben. Die Stelle lautet (in der Übersetzung von August Wilhelm Schlegel):

CAESAR: „Der Feige stirbt schon vielmal, eh' er stirbt,
Die Tapferen kosten einmal nur den Tod.
Von allen Wundern, die ich je gehört,
Scheint mir das größte, dass sich Menschen fürchten,
Da sie doch sehn, der Tod, das Schicksal aller,
Kommt, wann er kommen soll."

Als Mandela diese Zeilen, die ihm geeignet erschienen, den gemeinsamen Kampfesgeist zum Ausdruck zu bringen, auswählte, war er politischer Häftling auf Robben Island, der berüchtigten südafrikanischen Gefängnisinsel: Dort war während des Kampfes gegen die Apartheid in den siebziger Jahren die Führungsriege des Afrikanischen Nationalkongresses (ANC) gefangen gehalten worden. Unter den Häftlingen zirkulierte ein Band mit sämtlichen Dramen Shakespeares, dessen Umschlag mit Hindu-Postkarten beklebt worden war. Dieser Camouflage verdankt das Buch, das heute Teile der Legende des Widerstands gegen die Apartheid ist, seinen zweiten Namen: Robben Island Bible, so wird es seither genannt.

Als Nelson Mandela die oben zitierten Zeilen anstrich, war er bereits seit 15 Jahren inhaftiert, weitere 13 Jahre im Gefängnis sollten ihm noch bevorstehen, ehe er 1990 entlassen und vier Jahre später zum ersten schwarzen Präsidenten seines Landes gewählt wurde.

Ein Shakespeare-Band, der sich, beklebt mit religiösen Bildern hinduistischer Gottheiten, gleichsam selbst verkleidet wie ein Komödiant des Globe Theatre im elisabethanischen England, um dank handschriftlicher Notate wiederum in die Geschichte einzugehen als weltliche Bibel, als eine Inkunabel des Widerstands – es ist ein schöner Gedanke, dass ein Buch mit Theaterstücken so etwas wie die Gründungsurkunde des neuen Südafrikas werden konnte, eine Verfassung vor jeder Verfassung. Und doch wanderten die Worte und Verse aus diesem Buch bald wieder aus und verkehrten sich im Mund des zweiten gewählten Präsidenten dieser neuen, hoffnungsvollen Nation in ihr Gegenteil, wurden zu rhetorischen Placebos eines Machtmenschen, dessen Aids-Ignoranz schließlich ihren Widerhall fand in dem zitierten Post einer jungen amerikanischen Touristin.

Denn auf Shakespeare berief sich ebenfalls Nelson Mandelas Nachfolger im Amt gerne, Thabo Mbeki, von 1999 bis 2008 Staatspräsident Südafrikas. In Paul Grootbooms Stück *Rhetorical* zitiert Mbeki neben anderen Dichtern Shakespeare mit Zeilen aus dem *King Lear* (hier in der Übersetzung von Wolf Graf Baudissin):

LEAR: „Nein, nein, nein, nein! Kommt fort! Zum Kerker,
Da laß uns singen, wie Vögel in einem Käfig.
Bitt'st du um meinen Segen, will ich knie'n
Und dein Verzeihn erflehn; so woll'n wir leben,
Beten und singen, Märchen uns erzählen,
Und über goldne Schmetterlinge lachen.
Wir hören armes Volk vom Hofe plaudern,
Und schwatzen mit: wer da gewinnt, verliert;
Wer in, wer aus der Gunst ...“

Zweimal Shakespeare, angeführt von zwei ANC-Mitgliedern und politischen Weggefährten. Und doch könnte der Unterschied größer nicht sein. Im einen Fall spricht Shakespeare, zur Stimme eines Kassibers geworden, den Unterdrückten Mut zu, im anderen hat er sich auf die Seite eines Herrschenden geschlagen, der seinen Machtanspruch mit Bildungsbrocken verbrämt. Die Sprache der Literatur wird hier missbraucht als Mittel der Propaganda. Und diesen Missbrauch unterzieht Paul Grootboom, ein ausgewiesener Kenner Shakespeares, in seinem Stück *Rhetorical* einer Sprachanalyse.

Denn der Thabo Mbeki, dem so mühelos ein klassischer Zitatenschatz zu Gebote stand, war derselbe Mann, der die wahren Ursachen der Immunschwächekrankheit Aids sträflich verkannte. Als Mbeki 1999 sein

Präsidentenamt antrat, waren rund zwanzig Prozent der Bevölkerung Südafrikas mit dem HI-Virus infiziert. Allerdings leugnete Mbeki den kausalen Zusammenhang zwischen dem Virus und Aids und behauptete, nicht jener, sondern die Armut sei die Hauptursache der Krankheit. Er bestritt den Nutzen antiretroviraler Medikamente und verweigerte den Infizierten entsprechende Präparate. Infolge dieses Versäumnisses starben Hunderttausende während seiner Amtszeit, und wiederum Hunderttausende infizierten sich neu, obwohl dies zu verhindern gewesen wäre.

Die Ignoranz des Aids-Leugners Mbeki, der sein Versagen hinter pathetischen Reden zu verbergen verstand und praktischer Hilfe salbungsvolle Worte vorzog – Mbekis massive Mitschuld ist nur ein Thema des Stücks *Rhetorical*. Grootboom nimmt hier eine so schonungslose wie präzise Vivisektion der Ära Mbeki vor, sein Stück ist politischer Kassensturz und bittere Abrechnung mit den Jahren der Stagnation und Fortschreibung jener Ungleichheit, die in der Postapartheids-Gesellschaft eben nicht überwunden worden ist. Grootboom mischt in seiner dokumentarischen Collage reale Ausschnitte aus Mbekis berühmten Reden mit den Stimmen der unterdrückten Wahrheit und stellt dem Autokraten einen gewissen Dada (!) entgegen, eine fiktive Figur zwar, und doch unverkennbar nachgebildet dem ehemaligen Präsidenten der Jugendorganisation des ANC, Julius Sello Malema, hier Sprecher einer radikalen jüngeren Generation. All das montiert Grootboom mit Redeausschnitten von Hitler, Martin Luther King und Obama.

In den Augen der Opposition hatte der realitätsfremde Mbeki bald den Bezug zur Wirklichkeit verloren. Rhetorical ist szenischer Untersuchungsausschuss und Tribunal. Das Theater übernimmt hier die Rolle einer politischen Plattform, wird zum demokratischen Forum. Zur Volksvertretung. In aller Direktheit wird die Bilanz einer politischen Ägide gezogen, die von Arroganz, Selbstüberhebung, Machtstreben und Ignoranz dem eigenen Volk gegenüber geprägt war, verschleiert durch idealistische Bekenntnisse, überstrahlt vom blendenden Glanz eines charismatischen Redners.

Und es ist auch ein Lehrstück über Symbolpolitik und Medien-Demokratie.

Für hiesige Zuschauer, die Mitschnitte aus Aufführungen Paul Grootbooms (zum Beispiel via Youtube) verfolgen, ist es zunächst irritierend, wie viel bei diesen Aufführungen gelacht wird. Dabei werden doch die ruchlosesten Dinge auf der Bühne dargestellt: Mord und Totschlag, Folter, Vergewaltigung und Kindesmissbrauch. Serienmörder und Auftragskiller treten hier auf, und diese Drastik in der Darstellung von Gewalt hat Paul Grootboom das Label eingetragen, ein „Tarantino der Townships" zu sein. Wahr ist an diesem Etikett nur so viel, dass beider Theater der Grausamkeit vor den Dämonen der Geschichte nicht in eine Gegenwelt flieht, sondern Erlösung sucht auf dem Weg spielerischer Wiederholung. Als

„Retraumatisierung" hat Grootboom einmal seine Methode bezeichnet, das Publikum erneut dem auszusetzen, was es belastet – psychologisch gesprochen ist sein Theater Konfrontationstherapie mit den Mitteln des Ästhetischen.

Das Prinzip der Stellvertretung, das mir ein Schlüssel zu seinem Werk zu sein scheint, klingt bereits an im Titel von Grootbooms Stück *Relativity – Township Stories*. Im Stück bezeichnet die Hauptfigur, ein junger Mann namens Thabo, diese Relativität einmal als „alternative affection". „Alternative affection" könnte man vielleicht übersetzen mit „delegierter" oder „fehlgeleiteter Zuneigung". Gemeint ist, dass Gefühle, die man für eine bestimmte Person hegt, auf eine andere übertragen werden, weil das eigentliche Objekt der Zuneigung unerreichbar ist. „Alternative affection" ist nicht nur Leitmotiv, sondern zugleich auch dramaturgisches Strukturprinzip des Stücks. In dessen Verlauf wird dieser Mechanismus in verschiedenen Handlungssträngen abgewandelt und durchgespielt. Da gibt es einen Vater, der seine geliebte Frau bei einem Verkehrsunfall verloren hat und seither seinen Sohn sexuell missbraucht. Da ist ein junger Mann, der mit einer älteren Frau schläft, obwohl er in Wahrheit deren Tochter begehrt. Und da ist ein Säufer, dem die Frau davonläuft mit einem anderen. Doch statt sich an seinem Nebenbuhler zu rächen, heuert er einen Mörder an, um seine erwachsene Tochter aus den Fängen eines brutalen Frauenschänders zu befreien, dem sie hörig ist.

Und auch die Polizeibeamten, die gegen einen Frauenmörder ermitteln, unterliegen demselben Stellvertreter-Prinzip. Sie agieren an dem mutmaßlichen Täter Aggressionen aus, die sich aus verdrängten Schuldgefühlen speisen, und sind ebenfalls tragisch verstrickt. Eine Polizeipsychologin im Stück sagt einmal, Serienmörder seien in den meisten Fällen traumatisierte Opfer, die sich vor dem Grauen ihrer Erinnerung in Gewaltphantasien flüchteten, Phantasien, in denen sie die Rolle des Täters einnehmen statt der des Opfers, das sie tatsächlich sind. Und der Mörder selbst scheint dieser Theorie zuzustimmen, wenn er sagt, er töte, um die Dämonen der Vergangenheit, die ihn heimsuchen, zu besänftigen.

Denn so wenig die Apartheid als solche Thema des Stücks ist, so unverkennbar bildet sie dessen allgegenwärtige Hintergrundstrahlung. Für dieses Trauma sind die individuellen Traumata ihrerseits nur Stellvertreter, Metastasen. Zu weit streuen die Gewalterfahrungen, um sich eindämmen zu lassen; sie kehren vielmehr, einander fortzeugend wie im antiken Drama, wieder, und mangels eines äußeren Gegners richten sich die Aggressionen nun gegen sich selbst. Als eine Art invertierter Apartheid, wie man dies vielleicht nennen könnte, setzt das kollektive Trauma eine Kettenreaktion frei, einen tödlichen Reigen der Gewalt. In dieser Gewalt steckt immer auch Autoaggression, Selbstkannibalisierung erscheint geradezu als das schreckliche Erbe des Kolonialismus. Statt abgeschlachtet zu werden wie einst, schlachten die Schwarzen sich nun gegenseitig ab – und das im Namen der Freiheit, so der schwer erträgliche Befund, der schließlich auch bedeutet, dass die Apartheid im Grunde gesiegt hat, obwohl sie verloren hat.

Für sein Stück *Inter-Racial* hat Paul Grootboom versucht, neben schwarzen auch weiße Schauspieler zu engagieren. Es sollte von einem gemischten Ensemble aufgeführt werden, allerdings ist dieser Versuch gescheitert. Und so mussten schließlich schwarze Schauspieler die Partien der weißen Figuren übernehmen, was dem Stück zu einer zusätzlichen, zweiten Handlungsebene verholfen hat. Denn die Geschichte der scheiternden Besetzungsidee ist selbst eingegangen in das Stück, ist manifester Teil des geschriebenen Textes geworden, wenn die Schauspieler irgendwann gegen ihre Rollenzuschreibungen rebellieren, die Probe unterbrechen und aussteigen aus dem Text. Diesen verstehen sie nämlich als Beispiel eines umgekehrten Rassismus, wie sie sagen, als Fortsetzung jener Minstrel-Shows, in denen einst Weiße mit Schuhcreme im Gesicht rassistische Stereotypen über Schwarze auf die Bühne brachten.

Aber ist dieser Vergleich wirklich statthaft? Liegt es auf derselben Ebene, wenn Schwarze in die Rollen ihrer ehemaligen Peiniger schlüpfen, die ihrerseits sich nur als Schwarze schminkten, um ihre eigene Überlegenheit zu demonstrieren und damit ihre Vorherrschaft zu befestigen? Gibt es einen Unterschied zwischen weißem und schwarzem Rassismus? Oder ist die Abneigung gegen den spielerischen Wechsel von Rolle und Hautfarbe ihrerseits ebenso rassistisch? Und wie viel daran wäre womöglich pure Projektion? Beweisen die Schauspieler eine höhere moralische Integrität, wenn sie sich weigern, Rassen-Klischees gegeneinander auszuspielen, oder ist diese scheinbar souveräne Haltung, über den Dingen zu stehen, in Wahrheit nur Ausdruck von schwarzem Selbsthass? „Wir Schwarze sind so desensibilisiert gegenüber Gewalt, dass nur ein Weißer helfen kann", heißt es einmal.

Sämtliche Gewissheiten werden vom Treibsand der Ressentiments und Unterstellungen verschlungen, bis sich das Stück in einen offenen Disput über Rollenzuweisungen wandelt.

Wieder greift das Prinzip des Quidproquo, ist doch der Sexualneid des weißen Mannes auch eine Chiffre für den „Virus der Eifersucht", die Wut über verlorene Privilegien. Reklamiert wird so etwas wie symbolische Besitzstandswahrung. „Colour Blind" hat Daniel im Stück sein Buch genannt, aber das war zu optimistisch, denn keiner ist hier blind für die Hautfarbe, geblendet sind vielmehr alle von ihren eigenen Vorurteilen. Und schwelt nicht auch in Daniel jener „brennende Groll", der so typisch sei für die Nachfahren der Kolonialherren, über die der weiße südafrikanische Literaturnobelpreisträger J. M. Coetzee einmal geschrieben hat.

In ihnen, so Coetzee, komme der Trotz zum Tragen, unter „der Schande der Verbrechen" leben zu müssen, „die in ihrem Namen verübt wurden" (in: *Tagebuch eines schlimmen Jahres*, 2007). Indem sie sich als Opfer einer Kollektivschuld betrachten, weisen sie die Verantwortung von sich und werden erneut schuldig. Auch auf ihrer Seite findet also eine Übertragung statt, die Schuld wird zurückgespielt an die, an denen man schuldig wurde, Täter- und Operrolle finden sich miteinander vertauscht. Doch allein die Schwarzen sind es, die sich hier mit der Frage nach ihren Vorurteilen auseinandersetzen. „Fuck off, White man!", heißt es am Ende des Stücks. Mit einer Hasstirade macht der Regisseur seiner Frustration über die Unmöglichkeit Luft, ein gemischt-rassiges Ensemble auf die Beine zu stellen. Dieser Satz ist Grootboom als offener Rassismus ausgelegt worden. Dabei beschreibt er nur eine Realität, in der sich die Weißen entziehen und den Schwarzen vorwerfen, „voreilig die Rassenkarte zu spielen und allein der Apartheid die Schuld zu geben, statt ihr Leben zu verbessern". Mit der Folge, dass Integration und friedliche Koexistenz ausschließlich die Aufgabe derer zu sein scheint, denen beides so lange vorenthalten wurde. Eine besonders infame Form von Täterschutz und Viktimisierung.

Exemplarisch zeigen die drei referierten, höchst unterschiedlichen Stücke, wie breit das künstlerische Spektrum Grootbooms angelegt ist: *Relativity* ist ein doppelbödiger Township-Thriller mit komplexer politischer Botschaft, *Rhetorical* eine halb-dokumentarische Montage über eigentliche und uneigentliche Formen der Rede, und *Inter-Racial* ein Stück als sein eigenes Making-of. Besonders in diesem ist die Form des Dialogs zugleich auch der Inhalt. Denn diskutiert wird die Reichweite des Dialogischen selbst, verstanden als gesellschaftliche Selbstverständigung. Der Herausgeber von *Relativity* schreibt in seinem Vorwort, Grootbooms Hinwendung zur dialogischen Form sei beispielhaft für eine neue Tendenz des südafrikanischen Dramas. In den Zeiten der Apartheid seien epische Formen des Theaters vorherrschend gewesen. Es ging darum, dem hegemonialen Monolog der Apartheid eine oppositionelle Stimme entgegenzusetzen, einen Gegen-Monolog. Im Unterschied hierzu stehe die dialogische Verfasstheit für eine Form, die der jungen Demokratie besser entspreche.

Dialog als Ausdruck demokratischen Fortschritts meint bei Paul Grootboom mehr als nur Rede und Gegenrede auf der Bühne. Er umfasst zugleich auch die Arbeitsprozesse. Dazu gehört die Stückentwicklung, die sich gemeinsam mit den Schauspielern vollzieht, das partizipative Arbeiten mit Ko-Autoren ebenso wie das Überschreiben alter Stoffe, die adaptiert und für neue Lesarten geöffnet werden. Dazu gehört die Personalunion des Autors Grootboom und des ebenso brillanten Regisseurs Grootboom, aber dazu gehört vor allem der Dialog mit dem Publikum als ein Stück gelebter Demokratie. Und weil wir mit Shakespeare begonnen haben, soll Shakespeare hier auch das Schlusswort haben.

Denn in einer Szene von *Inter-Racial* zeigen sich die Schauspieler unzufrieden damit, wie die Figur des rassistischen weißen Ex-Polizisten im

Stück gezeichnet werde. Die Figur sei eindimensional und dadurch unglaubwürdig. Zudem suggeriere sie, dass alle Afrikaner schlechte Menschen seien. Dabei habe doch der Regisseur selbst ihnen ein Beispiel dafür genannt, dass sogar die schändlichsten Charaktere ihre menschlichen Momente hätten. Ob er hier Othello meine, fragt einer der Mitspieler. Nein, so die Antwort, er denke an den anderen Schwarzen bei Shakespeare, den Mohren aus *Titus Andronicus*. Nun ist ausgerechnet dieser Aaron einer der abscheulichsten Schurken in Shakespeares Dramen-Kosmos, ein wahrer Teufel. Dass aber die Schauspieler selbst noch eine Inkarnation des Rassenhasses in Schutz nehmen und dass sie dies tun, indem sie sich nicht auf Othello, den edlen Wilden, beziehen, sondern auf ein Zerrbild des bösen schwarzen Mannes – diese letzte Mutation in der Kette von Stellvertretungen, Umdeutungen und Transformationen in den Stücken Paul Grootbooms zeigt, in welchem Maße sich seine Protagonisten die Vorurteile gegen Schwarze zu eigen gemacht haben. Man kann daran ermessen, wie weit der Weg noch ist, bis die Dämonen der Apartheid ausgetrieben sein werden. Der Bannspruch eines solchen Exorzismus müsste wohl tatsächlich lauten: „Fuck the white drama!" – Zur Hölle mit dem weißen Theater! – solange es nämlich immer wieder ein Einfallstor des Rassismus ist. Und sei dieser Rassismus auch ein positiver.

Nachbemerkung von Ute Nyssen:
Mpumelelo Paul Grootboom, geb. 1975, inszenierte im September 2017 am Deutschen Schauspielhaus Hamburg in deutscher Sprache sein Stück *Die Nacht von St. Valentin* und im Oktober 2017 *Crudeland* am Theater Freiburg. Vor nur 23 Jahren wäre es unvorstellbar gewesen, dass ein Regisseur und politischer Dramatiker seiner Hautfarbe an deutschen Bühnen hätte arbeiten können. So gilt ein Lob doch auch der Geschichte.

Anmerkungen
zu den
Autoren

Michael Braun, geb. 1958 in Hauenstein/Pfalz, lebt in Heidelberg. Er studierte Germanistik und Politologie. Braun arbeitet als Kritiker, Herausgeber, Juror und Moderator, u. a. beim Erlanger Poetenfest. Zuletzt erschienen *Der gelbe Akrobat 2. 50 Deutsche Gedichte der Gegenwart* (hrsg. mit Michael Buselmeier, poetenladen 2016) und der *Lyrik-Taschenkalender 2018* (Das Wunderhorn 2017, hrsg. mit Paul-Henri Campbell).

Alexandru Bulucz, geb. 1987 im rumänischen Alba Iulia (dt. Karlsburg), studierte Germanistik und Komparatistik in Frankfurt am Main. Er übersetzt aus dem Französischen und dem Rumänischen. Autor beim Onlineportal Signaturen. Er arbeitet bei mehreren Zeitungsprojekten mit, u. a. als Redakteur des Onlinemagazins *Faust-Kultur*. Neben Veröffentlichungen in Literaturzeitschriften und Anthologien erschien 2016 im Allitera Verlag sein Lyrikband *Aus sein auf uns*. Alexandru Bulucz promoviert am Graduiertenkolleg „Schreibszene Frankfurt am Main" mit einer Arbeit über Wolfgang Hilbig.

Friedrich Christian Delius, geb. 1943 in Rom, wuchs in Hessen auf. Nach seinem Germanistikstudium an der Freien und Technischen Universität Berlin arbeitete er von 1970 bis 1978 als Lektor für Literatur in den Verlagen Klaus Wagenbach und Rotbuch. Seit 1978 lebt Delius als freier Schriftsteller, seit 1984 wieder hauptsächlich in Berlin. Soeben erschien bei Rowohlt Berlin sein neuester Erzählband *Die Zukunft der Schönheit*. Friedrich Christian Delius erhielt 2011 den Georg-Büchner-Preis. Den hier abgedruckten Vortrag hielt er am 18.11.2017 anlässlich des Literaturfests München.

Annina Haab, geb. 1991, wuchs auf einem Bauernhof unweit von Zürich auf. Sie studierte Literarisches Schreiben in Biel, Deutsche Philologie und Russisch an der Universität Basel, sowie Contemporary Arts Practice in Bern. Sie verfasste Texte für verschiedene Co-Produktionen von Musik und Text, theatrale und performative Projekte. Sie veröffentlichte u. a. im Literaturautomat Basel und im «Kulturstaubatlas». 2012 Prämierung des Textes *wohingegen wir* durch die *erostepost*-Jury. Annina Haab war Artist in Residence im Zentrum für nonkonformistische Kunst St. Petersburg 2016 und in der Sasso Residency in Vairano 2017. Für ihr Manuskript *daheim zuhaus* wurde sie vom Kanton Zürich mit einem Werkbeitrag ausgezeichnet.

Kristin Höller, geb. 1996, wuchs in Bonn auf und studiert seit 2015 Sprach-, Literatur- und Kulturwissenschaften in Dresden. Freie Mitarbeit bei mehreren Zeitungen und Zeitschriften. Im Jahr 2016 war sie zum Treffen junger Autoren und als Finalistin zum 24. Open Mike eingeladen. 2017 Teilnehmerin des Artist in Residence-Programms beim Prosanova-Festivals für junge Literatur und Stipendiatin der 19. Internationalen Schillertage in Mannheim. 2018 Finalistin beim Schreibwettbewerb des Schweizer Literaturfestivals Literaare. Seit Oktober letzten Jahres ist sie Mitveranstalterin von OstKap, der Dresdner Lesereihe für junge Literatur.

Sophia Klink, geboren 1993 in München, studiert Biologie. Sie war Preisträgerin beim Treffen junger Autoren 2012 und 2014, wurde zum Studentenseminar und zur Romanwerkstatt der Bayerischen Akademie des Schreibens eingeladen. Für ihr Romanprojekt *Luftunterfläche* bekam sie das Münchener Literaturstipendium 2015. Zuletzt veröffentlichte sie in den Literaturzeitschriften *Dichtungsring*, *Poesiealbum neu* und *kon paper*.

Ute Nyssen war zusammen mit Jürgen Bansemer Geschäftsführerin des Theaterverlags Kiepenheuer & Witsch, dann gründeten die beiden den Theaterverlag Nyssen & Bansemer in Köln. Zu den von diesem Verlag betreuten Dramatikern gehören neben Elfriede Jelinek u. a. Woody Allen, Tankred Dorst, Heinar Kipphardt, Peter Stamm und Italo Svevo. Ute Nyssen gab Theaterstücke von Wolfgang Bauer, Brendan Behan, Tankred Dorst, Elfriede Jelinek und Thomas Jonigk heraus sowie einen zweiteiligen Sammelband zum Radikalen Theater (Kiepenheuer & Witsch, 1969).

Pasquale Virginie Rotter, geb. 1978 in Genf, aufgewachsen in Wien, lebt in Berlin. Sie studierte Erziehungswissenschaften an der Freien Universität Berlin und arbeitet seit 2008 als Empowermenttrainerin, Performerin und Autorin. Rotter entwickelte den Ansatz „Empowerment in Motion", der Körper-, Biografiearbeit und Bewegungsimprovisation zusammenführt. Sie initiierte das 2017 erschienene Kinderbuch *Wir sind Heldinnen! Unsere Geschichten* (w_orten & meer). 2018 erscheinen Texte von Rotter in der Zeitschrift *Neue Rundschau* und in dem Sammelband *Die Schwarze Diaspora in Deutschland* (Edition Assemblage).

Christopher Schmidt, geb. 1964 in Hilden, gest. 1.3.2017 in München, wuchs in Düsseldorf auf. Er studierte an der dortigen Universität und in Berlin Germanistik und Philosophie. Anschließend arbeitete er als freier Kritiker, ab 2001 als Redakteur im Feuilleton der *Süddeutschen Zeitung*. Dort schrieb er anfangs Theaterkritiken, später wurde er der Literaturchef der Zeitung. Neben anderen Jurytätigkeiten war er seit 2008 Mitglied der Jury für den jährlich vergebenen Jürgen Bansemer & Ute Nyssen Dramatikerpreis.

Simone Schröder, geb. 1986 in Frankfurt am Main, studierte in Mainz Komparatistik, Hispanistik und Politikwissenschaft. Sie promovierte 2017 über Naturessayistik an der University of Bath. Ausgezeichnet mit dem 2. Preis beim *Merkur*-Essaywettbewerb 2006; 1. Preis beim *Edit*-Essaywettbewerb 2012 und Autorenwerkstatt-Stipendium der Jürgen Ponto-Stiftung 2016. Seit 2017 Programmkoordinatorin beim internationalen literaturfestival berlin.

Sonja M. Schultz, geb. 1975 in Schleswig-Holstein, lebt in Berlin. Sie studierte Theaterwissenschaft/Kulturelle Kommunikation an der Humboldt-Universität zu Berlin und promovierte mit „Der Nationalsozialismus im Film. Von *Triumph des Willens* bis *Inglourious Basterds*". Sie arbeitet als Filmjournalistin/Filmhistorikerin und in der Politischen Bildung. Mehr unter: www.apocalypstick.de. Sie schreibt ihren ersten Roman.

Leszek Stalewski, geb. 1980 in Wroclaw (Polen), lebt seit 1986 in Deutschland. Das Abitur schloss er 2001 an der Gesamtschule Nürnberg-Langwasser ab. Anschließend arbeitete er als Regieassistent und Schauspieler am Theater G7 in Mannheim. Seit 2002 lebt er in Berlin. Bis 2010 studierte er Germanistik, Komparatistik und Kunstgeschichte an der Humboldt- und an der Technischen Universität in Berlin. Seit 2014 ist er freier Autor und technischer Assistent in der zeitgenössischen Kunst. Im Juni 2016 hatte er seine öffentliche Debütlesung mit dem Text *Leitplanke* bei „Kabeljau und Dorsch" (Berlin).

Robert Stripling, geb. 1989 in Berlin, lebt in Frankfurt am Main. Studium der Philosophie und Kunstgeschichte. Nach Tätigkeiten in der Altenpflege als Pflegeassistent und Mitarbeit an Produktionen des jungenschauspielhannover und des Schauspiel Frankfurt folgten Bühnenauftritte mit Texten von Friedhelm Kändler, Soundinstallationen mit Daniela Seel, Solo-Lesungen mit Schlagwerk. Einladung zum Prosanova-Festival 2014. Lyrikpreis des „Open Mike" 2014. Er veröffentlichte u. a. in *Bella Trista, Der Greif, Neue Rundschau, STILL*. Er ist Mitorganisator der Lyriklesereihe „Salon Fluchtentier" in Frankfurt am Main. *www.robertstripling. tumblr.com ; www.verpasstehauptwerke.tumblr.com*

Olivia Wenzel, geb. 1985 in Weimar, studierte Kulturwissenschaften und ästhetischen Praxis an der Uni Hildesheim. Sie lebt und arbeitet in Berlin. Wenzel schreibt Texte für die Bühne und Texte zum stillen Lesen, macht Musik als OTIS FOULIE und ist als Performerin aktiv – zuletzt im Stück *Die Erfindung der Gertraud Stock* mit dem Kollektiv vorschlag:hammer. Wenzels Texte fürs Sprechtheater wurden u. a. an den Münchner Kammerspielen, am Hamburger Thalia Theater, am Deutschen Theater Berlin und am Ballhaus Naunynstrasse aufgeführt. Mit Prosatexten war sie u. a. zu

Gast beim internationalen literaturfestival berlin, im Literaturhaus Hamburg und beim Prosanova-Festival. 2017 war sie Teilnehmerin des Klagenfurter Literaturkurses beim Bachmannpreis.

Bettina Wilpert, geb. 1989, wuchs bei Altötting auf. Sie studierte Kulturwissenschaft, Anglistik und Literarisches Schreiben in Potsdam, Berlin und Leipzig. Sie war u. a. Finalistin des 23. Open Mike und Stipendiatin des 20. Klagenfurter Literaturkurses. Veröffentlichungen u. a. in *Metamorphosen* und *Outside the Box.* Ihr Debütroman *nichts, was uns passiert* erschien im Februar 2018 im Verbrecher Verlag.